なぜ人と人は支え合うのか「障害」から考える

渡辺一史 Watanabe Kazufumi

★――ちくまプリマー新書
316

目次 ＊ Contents

第2章

はじめに

◆驚くほど忘れっぽい私たち

人は誰しも齢《とし》をとります。そして、いつかは必ず病気をわずらって医者にかかったり、あるいは、他人のお世話になって生きていかなくてはならない時期がやってきます。

しかし、こんな「自明」に思えることを、若いときや元気なときには、ついうっかり忘れてしまいます。それは驚くべき、忘れっぽさというしかありません。

たとえば、私は現在、50代という年齢ですが、自分がまさか50代になるなんて、10代や20代の頃には考えてもみなかったように思います。いや、もちろん、頭ではしっかりとわかっていたのですが、「まだずっと先のことなのだし……」と思って、ほとんどまじめには考えようともしませんでした。

さらにいうと、若さというのは、ときに傲慢《ごうまん》で自己中心的なものですから、つい年長者に対して、自分の若さを鼻にかけたような態度をとって辟易《へきえき》させるといった経験も、振り返ると、山のようにあります。齢をとるのは齢をとった人が悪いのだ、とうっかり口に出さないまでも、そんなことを〝上から目線〟で思っているところさえありました。

今、これを読んでいる若い人たちの中にも、おそらく私と似たところがある人はいるのではないでしょうか。私は、ノンフィクションライターという仕事柄、取材で10代や20代の若い人たちにインタビューすることがありますが、彼や彼女らの言葉の端々から、「この人は、自分のことを永遠に若いと思っているのではなかろうか……」と感じて、クラクラめまいを覚えるようなことがたまにあります。

しかし、よくしたもので、想像よりずっと速いスピードで30代はやってきますし、40代はさらにあっけなくきます。そして、「まさかこの私」が、40代どころか、50代になろうとは、もう笑うしかありません。いまだにちょっと信じがたい気がするのですが、結局のところ、人間の想像力なんて、その程度のものなのかもしれない、とわが身に照らしてそう考えたりもします。

さて、「障害」や「病気」というのも、おそらくそうしたもので、元気なうちは「まさかこの私が」と思っているところがありますが、考えるまでもなく、誰しも大病をわずらう可能性がありますし、突然の事故で思いがけない障害を負ったり、結婚・出産で生まれてきた子どもに障害があったりということもないわけではないでしょう。

また、40～50代になると、親の介護問題というのも出てきます。

親の介護問題は、切実に「私」の生活に影響をおよぼすことを考えると、それもまた私自身の問題です。とりわけ昨今では、晩婚化や出産年齢の高齢化（いわゆる晩産化）にともない、子どもが30代になる頃には、親はすでに60～70代というケースが増えていることから、親の高齢化や介護問題を「人ごと」とはいっていられなくなる時期は、どんどん早まっています。

要するに、若かったり、元気なうちには、そうしたことに深く思いがいたらないというだけで、すべては自業自得《じごうじとく》、いざというときにあわてるのは、自分が用心しなかったことの報いであるともいえます。

では、「自業自得」とか「自己責任」などといって済ませてしまえばいいのかというと、そうではないはずです。私たちの社会は、個人や家族だけでは解決できない問題を社会全体で考え、それらを社会的に解決し、支え合うための制度を長い年月をかけて築き上げてきました。

その根本が、福祉とか、社会保障制度と呼ばれるものです。

日本では、福祉というと、つい障害者や高齢者、あるいは、生活困窮者《こんきゅうしゃ》といった「特別な人たち」のためだけのものと考えがちですが、本来、福祉や社会保障というのは、誰にとっても、やがてくるその日のための大切な備えであり、心がまえであるはずです。

また、将来の自分自身や家族のための大切な〝保険〟であり、不安の少ない安定した社会をつくっていくための有益な〝社会投資〟であるともいえます。そうした制度のありがたさを、ここでもう一度、冷静に認識しなおしてみるのが大切だと思うのです。

本書では、「障害」という問題を通して、それらを根底から考えていきます。

ところで、みなさんが普段、障害に関して見聞きするのは、たとえば、テレビによく出てくる乙武洋匡《おとたけひろただ》さんやパラリンピックについての話題くらいかもしれません。私も以前はそんな感じでした。

しかし、障害者について考えることは、じつは健常者について考えることであり、同時に、自分自身について考えることでもあります。とりわけ、重度の障害がありながらも、地域で自立した生活をおくっている人たちの試みをたどることは、普段は見過ごしていた自分と他人との関わりだとか、人と社会との関わり、あるいは、そもそも人が生きるとはどういうことなのかを考えていく上で、とても学ぶべきことが多いのです。そして、障害のある人たちが生きやすい社会をつくっていくことは、結局のところ誰のトクになるのか、という素朴な視点で、福祉という発想を根本から問い直してみたいと思っています。

◆生身の障害者とどう向き合うか

私は、2003年（平成15年）に『こんな夜更けにバナナかよ』（北海道新聞社、のちに文春文庫）という障害者とボランティアの交流をテーマにしたノンフィクションの本を書きました。

振り返ると、第2章で詳しくお話しする鹿野靖明《しかのやすあき》さんという筋ジストロフィーの重度身体障害者との出会いが、その後の私の人生を大きく変えることになりました。簡単にいうと、今の私がこうやって、ものを書いて生活しているのは、鹿野さんや、鹿野さんを取り巻く人たちと出会ったおかげといえる面が多分にあります。

とはいうものの、素直に「鹿野さんのおかげ」と感謝して喜んでいればいいかというと、そう思うにいたるまでには、さまざまな悩みや葛藤がたくさんありました。なにしろ、鹿野さんは強烈なパーソナリティの持ち主であり、私がそれまで抱いていた「障害者」のイメージを吹き飛ばすようなインパクトがある人でした。

私は、その本の取材を始めるまで、障害や福祉の世界にはまったくの素人でしたから、障害者といえば、たとえば、『24時間テレビ　愛は地球を救う』のような美談や感動ドラマのイメージしかありませんでした。また、世間一般でも、やはり障害者といえば、どことなく聖人君子というか、「清く正しく美しい」イメージや、「困難に負けず、けなげに努力する人たち」といった崇高《すうこう》なイメージで語られがちです。

ところが、実際に取材を始めてみると、そんなイメージとはまったく違った世界だということに気づかされることになります。その最たるものが、鹿野さんのキャラクターでした。鹿野さんほど美談の似合わない障害者はいません。とにかく自己主張が強く、まわりのボランティアに対して、「あれしろ、これしろ」と容赦《ようしゃ》なく要求を突きつけてきます。

普通、カラダが動かないと、まわりの人に対して、「お世話をかけて」「申し訳ない」といった卑屈な気持ちになってしまうところがあると思いますが、鹿野さんにはそういうところはほとんどなく、むしろ、「障害が重いこと」を逆手にとって威張《いば》っているようなところがありました。それから、日々さまざまな要求をまわりのボランティアたちに繰り出してくるわけですが、「タバコを吸いたい」とか、夜中に「腹が減ったからバナナを食べたい」とか、あるいは、「アダルトビデオを見たい」とか、そういった要求もあります。

いったい、どう考えればいいのか、どう対応すればいいのかわからない、といった状況に多くのボランティアたちが立たされることになります。

しかし、考えてみれば、なにも鹿野さんだけが〝特別〟なのではなく、そもそもメディアなどで伝えらえる「障害者像」どおりの障害者など、この世には一人もいないといえばいないのかもしれません。大切なことは、目の前に横たわる、生身の障害者である鹿野さんとどう向き合い、どうつき合っていけばいいのかをほとほと考えさせられる過程で、じつにたくさんの発見や気づきを得ることができたということです。

さらにいうと、さまざまな取材を続ける中で、「障害者」といい、「健常者」といい、それらの言葉が意味するところは、じつにあいまいであり、その境界線も紙一重であることに気づかされました。そればかりか、今日では、誰が障害者で誰が健常者なのか、その境目が非常にあいまいな「1億総障害者」といってもいい時代を私たちは生きています。そうしたことについても、おいおいこの本の中でじっくりと考えていくつもりです。

◆タテマエやキレイゴトが充満した社会

近年では、「障害」を「障がい」と表記するかどうかをめぐって、さまざまな意見や考え方の対立が起きています。

もともと〝害〟という文字には、「さまたげとなるもの・妨害・わざわい」などの良くない意味があり、それが障害者への差別や偏見を助長するのではないかとの配慮から、主に地方自治体などの公的機関を中心に、「障がい」や「障がい者」という表記にあらためる傾向が出てきています。

しかし、実際に障害のある当事者の人たちはどうかといえば、「障害」という表記に不快感を感じるという人がいる一方で、「障害は、社会がもたらすもの」という考え方（障害の社会モデルといいます）に基づき、従来どおりの漢字表記でかまわないと考える人たちも少なくありません。むしろ、表面上の表記だけをソフトにすることに異を唱える障害当事者団体もあるくらいで、その考え方には、人によってかなりの温度差があるのが現状です。

こうした表記問題については、この本の第4章でじっくりと考えていきますが、大切なことは、「障害」であれ、「障がい」であれ、表記よりもまず本質をしっかり理解しようとする志にあるはずです。また、単に「見せかけ」だけの人権的配慮や、「さわらぬ神にたたりなし」といった保身による表記の書き換えにすぎないとすれば、まったく意味のないことです。

今の時代は、そうした表立っては反論しにくいタテマエのようなものが充満した社会です。たとえば、「ポリティカル・コレクトネス（政治的に正しい言葉づかい）」といって、政治の世界などでは、肌の色や宗教、性別などの違いによる偏見や差別を含まない、中立的な表現や用語を用いることがますます重視されるようになっています。

世の中には、さまざまな立場の人たちがいますし、さまざまな生の条件を背負った人たちがいます。そのため、自分とは異なる立場の人たちを傷つけたり、不快にさせたりしない表現を選ぶのはとても重要なことです。

しかし、その一方で、言葉づかいに過度に神経質になって、他人の言動をポリティカル・コレクトネスという「正義」を振りかざして叩《たた》くといった風潮が横行したり、自由な議論を阻害するような息苦しい社会を助長している側面もあります。また、その反動で、ポリティカル・コレクトネスそのものが無意味だ、という極論にまで発展しかねない様相を呈しているのは、じつに不毛な対立というしかありません。

大切なのは、表面の言葉尻ではなく、問題の本質をどう論じるかに他なりません。

◆なぜ障害者と会うと緊張するの？

私は、今では多くの障害のある人たちと友人づき合いをし、中にはズケズケとものをいい合える人も少なくありませんが、振り返ると、私は鹿野さんと出会うまで、障害者とまともにつき合った経験がありませんでした。

それまで、私の家族や身近な人の中に、目立った障害のある人はいませんでしたし、小学校や中学校時代は同じクラスに障害児がいましたが、さほど親しい関係になった記憶もありません。逆に、彼らをいじめたり、差別したりするようなこともしなかったのですが、どちらかというと、「近からず遠からず」という感じで、無難《ぶなん》に接していたからでしょうか、とくに記憶に残るような体験もありません。

ですから、最初に取材で鹿野さんに向かい合ったときには、正直、何を話せばいいのか、妙にドギマギしたものでした。

まず本人を前にして、病気や障害のことをはっきり口にしていいものなのかどうか、非常にとまどいましたし、結局のところ、「いい天気ですね」とか、「調子はどうですか」などと、ただ当たり障《さわ》りのない会話に終始した、というのが、私と鹿野さんの最初のコミュニケーションでした。頭の中では「普通に接しよう」と思いながら、全然「普通」ではありませんでした。

なぜ健常者は障害者に会うと、つい、とまどいや緊張を感じてしまうのでしょうか。

もちろん人によって、あるいは、経験の多い少ないによっても違いますが、障害者に差別的な感情をあらわにするような人は別にして、今日では、逆に多くの人が、「差別はよくない」とか、「障害者は不幸ではない」とか、あるいは、「障害者も健常者も同じ人間だ」などという理念にしばられて緊張してしまうからではないでしょうか。

また、誰しもやさしい自分を演じたいところがありますから、いらぬ「思いやり」や「おせっかい」を過剰に発揮してしまって気まずい思いをしたり、逆に、不用意な発言をして、「障害者差別だ!」などと思われたりするのも面倒ですから、そんなあれやこれやを考えると、関わらないに越したことはない、とつい考えがちでもあります。

なにも障害者に限らず、初対面の人どうしは、お互いの位置や距離感を探り合うものですが、「障害者」という社会的記号を意識してしまう分、つき合い方の敷居《しきい》を高くし、ややこしくしてしまう側面があります。つまり、「普通に接する」とは、心がけだけではどうにもならないということです。

では、経験を積み重ねればいいのかというと、話はそう単純でもありません。

私は、取材で多くの福祉関係者や医療関係者と話をすることがありますが、障害や病気についてよく知っていて、接する機会も格段に多いはずの彼らが、外部の目からすると、案外、大切なことを知らなかったり、気づいていなかったり、あるいは、意外な思い込みや偏見に凝《こ》り固まっているのではないかと思えてならないこともあり、「それは違うのではないか」と感じてしまう場面が往々にしてあるからです。

とりわけ、2016年(平成28年)に神奈川県相模原市《さがみはらし》の障害者施設で、衝撃的な殺傷事件が発生しました。それについては、第1章で詳しくお話ししますが、事件を起こした犯人は、その施設に3年以上も勤務していた元職員であり、学生時代には障害者支援のボランティアをした経験まであったといわれていますから、この事実を見過ごしにするわけにはいきません。

先ほど、心がけだけではどうにもならないといいましたが、結局、経験だけでもどうにもならない面が確実にあるということです。

経験すればするほど、おかしな偏見や妄想《もうそう》をふくらませたり、同じ事実をまったく別方向に曲解する人もいることになるわけですから、それを思うと、何をどう伝えても意味がないのではないかと、つい無気力になってしまいがちです。

しかし、だからこそ、「経験しつつ考える」という行為を通して、思考や態度、関係性のバランスを保っていくことこそが大切なのだと思っています。

私は、福祉や介護についての専門家というわけではなく、そうした職場で働いた経験もありません。また、今のところ、「障害者」と呼ばれる立場にある人間ではなく、「健常者」と呼ばれる立場にいる人間であり、ノンフィクションライターとしてこの世界を取材したり、取材を通して親しくなった障害のある友人たちから見聞きしたこと、感じたこと、そして、考えたことなどを、できるだけキレイゴトを抜きにして書いていければと思っています。

第1章

障害者は本当にいなくなったほうがいいか

©共同通信社

◆不思議な身体のつながり

まずは「本題」に入る前に、介護する人とされる人の不思議な身体の〝つながり〟について書いてみようと思います。少しだけ遠まわりすることになるのですが、いくつかの前提をみなさんと共有しておきたいからです。

ALS（筋萎縮性側索硬化症《きんいしゆくせいそくさくこうかしよう》）という難病の人たちの介護風景を見るたびに、いつも驚かされることがあります。

東京都練馬区《ねりまく》に住む、橋本みさおさんの家におじゃましたときもそうでした。みさおさんは、専業主婦だった32歳のとき、突然ALSという病気を発症しました。この病気は、筋肉を動かす神経（運動ニューロンといいます）が障害を受け、筋力が徐々に衰えていく原因不明の難病で、病気の進行とともに自発呼吸や、言葉を発することさえできなくなってしまいます。筋ジストロフィーの症状と似ていますが、筋ジスが筋肉そのものの疾患であるのに対して、ALSは神経疾患に分類されます。

そこで、発語が困難になったALSの人たちが、コミュニケーション手段としてよく用いているのが、「口文字」と呼ばれる方法です。

まず、みさおさんの唇の形から、介護者が母音（あいうえお）なのか撥音《はつおん》（ん）なのかを読み取ります。そして、母音の場合は、その列を「あかさたなはまやらわ」「いきしちにひみり」「うくすつぬふむゆる」「えけせてねへめれ」「おこそとのほもよろを」……などと声を出して読み上げ、その場所にくると、みさおさんがまばたきをして言葉を1文字ずつ確定していくのです（まばたき2回で濁点、3回で半濁点）。

たとえば、こんな感じです。

「いきし――し、おこそとのほもよ――よ、う、あか――か（まばたき）――が、うくすつ――つ、おこ――こ、う、あかさ――さ、ん、えけせてね――ね、ん、おこそとの――の、おこそと――と、いき――き」………

そして、ある程度の単語や言葉がつながってくると、介護者が、

「小学校3年のとき」

と読み上げてくれます。私は「ええ、小学校3年のときに？」とあいづちを打って先をうながします。とても時間はかかりますが、このようにして、介護者の「通訳」を介して、みさおさんとの対話が成立するのです。まとめると、次のような感じです。

みさお　小学校3年のとき入院してたんだけど、同じ病室に、ポリオ（急性灰白髄炎《かいはくずいえん》）

という病気で、手の動かないおにいちゃんがいて、足で折り鶴おってた。

私　足で折り紙を?

みさお　(私が)手で折るより上手だった。(それが私にとって)インクルーシブ教育(同じ場で共に学ぶ教育のこと)の体験だった。

おそらく誰もが驚いてしまうのは、みさおさんと介護者の息の合ったテンポの速さです。というのも、みさおさんの口の動きや、まばたきは本当にかすかなもので、ハタ目にはほとんどよくわからないからです。それでも、熟練した介護者は、驚くほどのスピードで、しかもメモを取ることさえなく、長文の文章をつむぎ出していきます。それはもう、みごとなものです。

みさおさんは、自ら居宅介護事業所を立ち上げ、自身が運営する事業所から派遣した介護者を24時間体制で利用しています。2009年(平成21年)までは、ALSの当事者団体である「日本ALS協会」の会長も務め(現在は相談役)、患者からの相談があれば、どこにでも出かけて行って手助けをするパワフルな女性としてこの世界では有名な人です。また、泊まりの夜勤介護には、東京都清瀬市《きよせし》にある日本社会事業大学の学生たちが、代々サークルのようにしてみさおさん宅に通ってきているそうで、その日も2人の女子学生（1年生と4年生）が夜勤バイトに入っていました。

「なんで読み取れるんだろう。すごいね」

私は何度も驚きの声を上げますが、逆に女子学生たちは、驚かれるのが意外といった表情です。毎日繰り返されているごく日常的な風景だからでしょう。

ALSの人を前にして、介護者をすごいすごいとほめるのは、あまりいいことではないのですが、それでも、初めて目にする人には、やはり2人の身体が、どこかつながり合っているのでは、と思えてならない光景なのです。

「いったい、どれくらいで読み取りはマスターできるものなの？」という私の問いに、4年生の女子学生は、「やっぱり丸1年くらいかかったかなあ。でも、今でも半分も読み取れているかどうか自信ないですけど」と笑います。

もう一人の1年生の学生は、介護を始めてまだ半年くらいですが、すでに読み取りをほぼマスターしてしまったそうで、「へえ、覚えが早いんだね」と私がいうと、みさおさんがすかさず、「最近の大学生はスマホばかり使っているから、漢字変換ができないの。大変よ」と口文字で話して笑います。

この世界を取材していると、こうした光景はごく日常の風景にすぎません。

考の糧《かて》となっています。

◆植物状態から生還した天畠大輔さん

天畠大輔《てんばただいすけ》さんとの出会いも、私にとっては衝撃的で、この世界を考える上で欠かせない思考の糧《かて》となっています。

私の友人に、社会学者の深田耕一郎さんという人がいて、以前、立教大学の助教（現在は女子栄養大学専任講師）をしていたのですが、深田さんが担当する社会福祉学のゼミで、学生たちに話をしてほしいと頼まれて、特別授業をしたことがありました。その際、深田さんと親交のあった天畠さんが、私の授業を聴講に来てくれたのです。

天畠さんは、四肢《しし》まひなどの重度障害があり、発語も思いどおりにできないため、「あかさたな話法」という独自の方法を用いてコミュニケーションをとります。

みさおさんの口文字と似ていますが、まず介助者と手をつないで、介助者が「あかさたな……」と読み上げていきます。そして、もし「る」だったら、「ら（ら行）」のタイミングで天畠さんが手を引いて介助者に伝えます。そして今度は、ら行を「らりる……」と読み上げたところで、天畠さんがまた手を引いて、言葉を1文字ずつ確定していくのです。

これもまた、気の遠くなるような方法に思えてしまいますが、このコミュニケーションを行いながら、天畠さんは、23歳のとき大学に入学し、その後、大学院にも進学して、私と出会ったときは、立命館大学大学院の博士課程に通う大学院生でした。

ところで、天畠さんは、もともとは健常者でした。しかし、14歳のとき、若年性急性糖尿病にかかり、病院に救急搬送されたことから、人生が激変します。

その病院での処置が悪かったために、心肺停止を起こし、さらに数十分間、気づかれずに放置されたことから、脳が損傷を受けて昏睡《こんすい》状態に陥ってしまったのです。医師からは、知的レベルも下がり、そのままずっと「植物状態」が続くと診断されたそうです。

ところが、外見上は植物状態だったのですが、そのときの天畠さんには意識があり、まわりの状況が明確にわかっていたといいます。天畠さんは、母親の呼びかけにどうにかして答えようとするのですが、気管切開をしているため、声を出せず、目さえ思いどおりに動かすことができません。食事は、経管《けいかん》栄養といって、消化管内に通したチューブに流動食を流し込んでいましたが、まったく動かない自分の体に、悔しさとやるせない気持ちがあふれて、毎日心の中で泣き続けていたそうです。

しかし、入院して半年ほどたったある日のこと。病院の看護師が経管栄養を入れ忘れていたことから、空腹に耐えかねて天畠さんが泣いていたところ、その様子を見ていた母親がとっさに、「大輔、母さんの声が聞こえる？　今から母さんが五十音をいうから、いいたい文字に当たったら、何かサインをちょうだい」といって、「あ」から順番に五十音を読み上げていきました。天畠さんは、必死にそれに答えようと、舌をわずかに動かすというサインを使って、1時間以上かけて、「へ・つ・た」という3文字のサインを送ります。

へ・つ・た……？　ふと母親が、かたわらの経管栄養剤がカラになっているのに気づき、「大輔、もしかしてあなた、お腹が減ったの？」といいます。

ようやく伝わったうれしさに、天畠さんは思わず号泣しました。それは、天畠さんに意識があることが伝わった瞬間でもあったのです。

そのときに受けた脳のダメージにより、天畠さんには、現在も四肢まひや言語障害、視覚障害などが残り、24時間の見守り介助が必要です。

しかし、2017年（平成29年）10月には、株式会社 Dai-job high を立ち上げて、居宅介護事業所の運営を行っています。また、自らの体験をまとめた本、『声に出せない あ・か・さ・た・な』（生活書院）を2012年（平成24年）に出版。この本の中には、こんなことが書かれています。

通訳者が文字を読み取る速度には個人差がある。また、私自身も解読中に混乱して言葉がまとまらなかったり、途中で言い換えたりすることもある。時に、伝えることに疲れてしまったり、通訳者側が聞き取りをあきらめてしまったりすることもある。しかし、それらを乗り越えて何かが伝わり、気持ちを共有できたとき、私は言い知れぬ嬉《うれ》しさを感じる。

（『声に出せない あ・か・さ・た・な』より）

植物状態（遷延性《せんえんせい》意識障害ともいいます）から生還を果たすというのは、なにも天畠さんに限ったことではありません。たとえば、インターネットの検索サイトで、「植物状態　回復」と打ち込めば、じつにたくさんの事例にヒットするでしょう。

中には、10年以上の植物状態から回復したという例も少なくないのですから、人間というのは本当にわからないものだという気にさせられます。

◆新田勲さんの「足文字」とは？

ところで、天畠さんと出会うきっかけをつくってくれた友人の深田耕一郎さんもまた、一人の障害者との出会いによって、人生を大きく変えられた体験をもつ人です。その意味で、深田さんと私にはよく似た共通点があるのです。

新田勲《にったいさお》さんという重度の脳性まひの障害者がいました。

2013年（平成25年）に72歳で亡くなってしまったのですが、新田さんは、第3章で詳しく紹介する、障害者が地域で自立して生活するための運動を1970年代から牽引《けんいん》してきた障害者運動のリーダーの一人でした。2005年（平成17年）のことですが、当時、立教大学の大学院生だった深田さんは、専攻する福祉社会学の修士論文を書くため、新田さんにインタビューを申し込みます。

ところが、新田さんは「きみには話したくない」といいます。実際に介護をしたこともないくせに、インタビューしたいというあなたを信用できないから、というのです。

そこで深田さんは、「じゃあ、新田さんの介護をさせてもらえないでしょうか」というと、「ぼくはかまわないけど」と新田さんがいいます。そうやって、まんまと介護の世界に引き込まれてしまいました。

ところで、今書いた2人のやりとりは、つねに「通訳」する介護者をはさんで行われていたといいます。脳性まひがきわめて重い新田さんは、「あー、うー」と声は出せますが、正確な発語ができないからです。そのため、新田さんとのコミュニケーションは、「足文字」と呼ばれる、これもまた新田さん独自の方法を使うのです。新田さんが、足を筆のように動かして床に文字を書き、それを介護者が読み取って、一語一語読み上げていきます。私は、新田さんとは一度も会ったことがありませんが、新田さんの足文字を映した映像は目にしたことがあります。

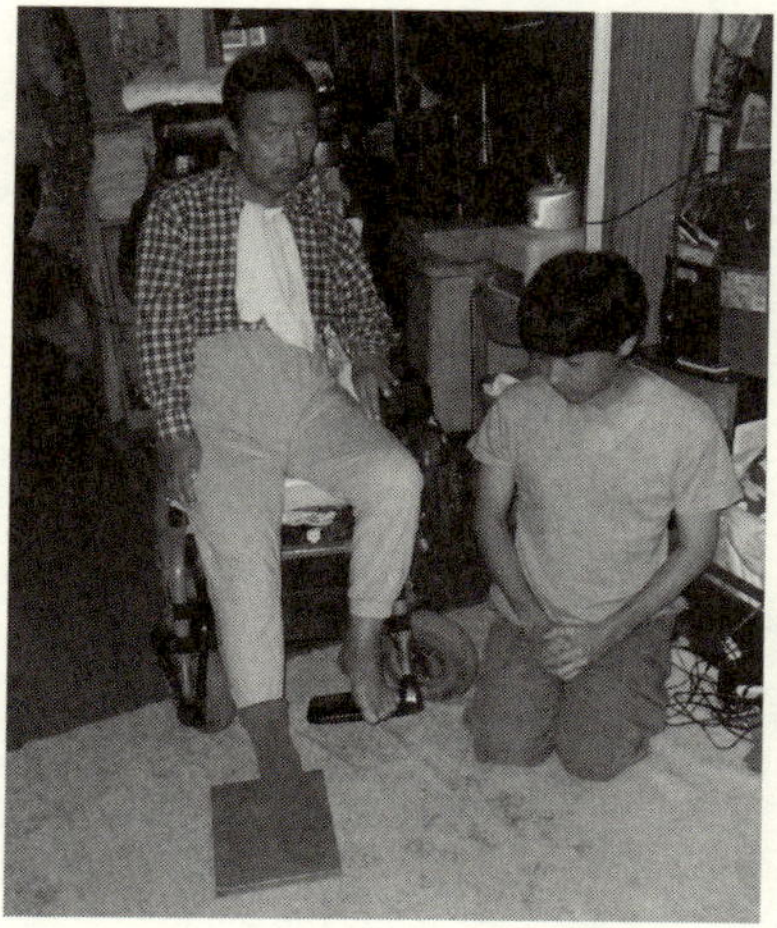
新田勲さんの足文字を読む介護者（提供：深田耕一郎）

「足を動かしてるだけで、何を書いているのか、さっぱりわからないけど、なんであれが読み取れるの？」

私が深田さんにそうたずねると、「最初はわかんないんですけど、一緒にいるとわかるようになるんですよ」

しかし、五十音のそれぞれに独特の動きがあり、読み取りをマスターするには、数カ月から1年くらいかかるそうです。

しかも、体調しだいで新田さんの足がよ

く動くときと動かないときがあるため、それも見定めなくてはなりません。

「介護者が誤読したときは?」

「新田さんが、ピッと片手を挙げるんですよ。手を挙げないときは、ああ、合ってるんだなと思って、どんどん読み進めていく感じで」

「手を挙げられてばっかりだと焦《あせ》るよね?」

「焦りますね(笑)。最初は汗がジトーっと出てきますね。でも、それはお互い様なんで。新田さんも忍耐だし、こっちも忍耐だし」

「でも、時間をかければ、たいていの人が読み取れるようになるっていうのは、すごいね。橋本みさおさんの口文字にしたってさ、初めて見る人には、ほとんど唇やまぶたが動いてるのか、動いてないのかわからないのに、大学生の女の子たちがどんどん読み取っていくからね」

「それはありますよね。どこか、カラダの深いレベルでつながってるっていうのはあるかもしれないですね」

結局、深田さんは、新田さんが亡くなるまでの約7年半、介護者として毎週、新田さん宅に通い続けます。そして、博士論文で新田さんの生涯を論文にまとめ上げ、福祉社会学会奨励賞を受賞し、一躍気鋭の社会学者として注目を集めることになるのです(論文は2013

年に『福祉と贈与　全身性障害者・新田勲と介護者たち』として生活書院から刊行)。

◆「弱者」であることを逆手に

その本の中に、深田さんがとても興味深いことを書いています。新田さんが足文字を「闘争の言語」として使っていたというのです。

どういうことかというと、新田さんは、1970年代から、どんなに重い障害があっても、地域で普通に生活できる今の在宅福祉制度をつくるため、厚生省(現在の厚生労働省)や東京都に対して、活発な陳情や行政交渉を行っていきますが、その際、この足文字を有効な「武器」にしたといいます。

たとえば、厚生省の行政官を前にして、車いすに座った新田さんが、全身に力を込めて足文字を書き、それをかたわらにいる介護者が読み上げます。

「そこの3人、いま一人ずつここに来て、ぼくの足文字を読んでください」

すると、3人の行政官はきょとんとした表情で、新田さんのまわりに集まり、新田さんが床になぞる文字に見入ります。しかし、簡単に読み取れるはずがありません。

「今日初めてお会いするので、読むことはできません。いつも近くにいるかたでないとわからないと思います」

行政官の一人がいうと、新田さんは別の行政官を指さします。

「わからないです」

新田さんがもう一人の行政官を指さします。

「読めません」

新田さんは、「どうだ、わかったか」という表情でこういいます。「まず意思疎通がまったくできないでしょ。これが読めないと、介護そのものができないのです」

つまりは、こういうことです。新田さんのように重度の障害のある人の介護には、その人になじんだ介護者の長時間にわたる見守りが絶対に必要であり、それを保障してくれなくては、障害者は生きていけない。そのことを身をもって行政官に訴えると同時に、そこでは不思議な力関係の逆転も起こっていました。一般に、行政官とは政治的権力を有する強者であり、陳情者である新田さんのほうは弱者のはずですが、行政官の中には、足文字を読めないことに対して、「すみません」と頭を下げる人まで出てきます。

つまり、「足文字を使える新田さん」がその場においては強者であり、「足文字を使えない行政官」は弱者という逆転の構図ができ上がり、新田さんが、なぜか優位な立場に立っていたというのです。確かに人間関係には、そうした不思議なところがあります。

私は深田さんに聞きます。「深田さんの本の中に、足文字で弱者と強者を逆転させる場面があったけど、介護者に対してはどうだったの？　新田さんは、読み取りがヘタな介護者に対して怒ったり、腹立てたりとかしなかった？」

「それがなかったのが新田さんの偉いところなんですよね。介護者に対して、きみは読み方がヘタだねとか、センスないねっていうのは聞いたことないですね。逆に、新田さんがよくいってたのは、介護っていうのはお互い様なんだと」

「どういうこと？」

「まず、障害者と介護者っていう二つの心があるでしょと。その二つの心が、お互いを思いやり合うのが介護なんだよと。最初、何をいっているのかさっぱりわかんなかったです。ただのキレイゴトかなと」

「でも、そうじゃなかったと」

「新田さんは、脳性まひで手がぐにゃっと曲がって、お尻も自分では拭《ふ》けなくて。でも、お尻を拭いてもらうときに、介護者を思いやって、少しだけお尻を上げるとか、それも新田さんにとっては精一杯の労働であり、思いやりなんだと」

「へえ」

「あと、介護っていうのは、お互いの気持ちいいところを探り合うことであり、だからセックスと同じだ、ともいってました」

「足文字でそう書いたの？　セックスと」

「はい、セックスと（笑）」

深田さんは、先ほどの著書の中にこう書いています。


新田と出会ってからの私はアタマもココロもカラダもすっかり変わってしまった。（略）他者の身体に丁寧に触れるとはどういうことか。相手にとっても私にとっても快となる身体の使い方とはどのようなものか。そのような身体の水準からの気づかいを私は新田から教わった。彼は人にものをたのむことをしなければ生存がままならない。人の手を借りながら、人の身体とまじわりながら自らの生を築いた。助けを請《こ》わなければ生きていけないという負い目を彼は主体的に生きた。

（『福祉と贈与』より）

そういえば、以前こんなことがありました。

実業家でタレントでもある、ホリエモンこと堀江貴文《たかふみ》氏が、ツイッターで次のようにつぶやいて、介護業界に大きな波紋を投げかけたのです。

「介護のような誰にでも出来る仕事は永久に給料は上がらない。いずれロボットに置き換わる」

何でも一刀両断するのが、堀江氏の真骨頂《しんこっちょう》なのでしょうが、私には、介護という多様な世界を甘く見過ぎたいい方に思えてなりませんでした。確かに堀江氏がいうように、介護には「誰にでも出来る」という側面がありますし、排泄《はいせつ》介助のように、あまり人がやりたがらない汚れ仕事だったり、腰に負担がかかる重労働という側面もたくさんあります。

しかし、それ以上に、介護とは、人間性そのものが試される場面がたくさんある仕事です。そもそも、自分の親や自分自身がもし介護される立場になったときに、「誰にでも出来る」と思っている人に介護してほしいと思うでしょうか。ここには、「もし自分や肉親がその立場になったら」という視点が抜け落ちてしまっています。

さて、ここまでは少し長めの前フリにすぎません。これまでのことを十分に踏まえた上で、いよいよ次からの「本題」に入りたいと思います。

◆「相模原障害者殺傷事件」と私たち

非常に気の重い話でもあるのですが、障害をテーマに何かを語ったり、考えたりする場合、やはりこの事件の話題に触れないわけにはいきません。

「障害者なんていなくなればいい」――犯人がそんな趣旨の供述をしたとして、社会を震撼《しんかん》させた例の事件についてです。この問題を考えるにあたっては、事件を起こした植松聖《うえまつさとし》という人物の考え方を高みから全否定するのではなく、その主張をわが身に照らして、じっくりと吟味《ぎんみ》してみる必要があると私は思っています。

というのも、私自身、胸に手を当ててみれば、ある時期まで、障害についての問題を「人ごと」だと考えていましたから、植松被告（現・死刑囚）と似たような意識を漠然と心の中に抱いていなかったかというと自信がありません。もちろん、「いなくなればいい」とか「死ねばいい」などとはっきり思っていたわけではありませんが、あの事件の報道に初めて接したときの、私自身の心のざわつきに正直にならないわけにはいかないのです。

あとで紹介する哲学者の最首悟《さいしゆさとる》さんも、「植松青年のような考え方、見方というのは、じつは多数派かもしれない」といっていますが、インターネットを開くと、植松被告と似たような書き込みは、事件が起きる以前から珍しくありませんでした。たとえば、誰でも自由に投稿できるQ&A形式の電子掲示板（FAQ）には、次のような内容の質問をたくさん目にすることができます。

「障害者って、生きてる価値はあるんでしょうか？」

「なんで税金を重くしてまで、障害者や老人を助けなくてはいけないのですか？」

「どうして強い人間が、弱い人間を生かすために働かなきゃならないんですか？」

「自然界は弱肉強食なのに、なぜ人間社会では、弱者を救おうとするのですか？　すぐれた遺伝子が生き残るのが、自然の摂理《せつり》ではないですか？」

こうした、いわば身もフタもないような問いは、とりわけ、知力に自信があって血気さかんな中学・高校時代などには、誰しもがよく抱きがちなものではないでしょうか。

まさに私自身そうだったのですが、口にするかは別にして、そうした問いを心に浮かべることで、あたかも世の中のウソや欺瞞《ぎまん》を見抜いた気になっていたものでした。また、家庭や学校、一般社会やマスメディアなどでは表立って口にしづらい問いだけに、なおさら心の奥底にわだかまり、匿名性《とくめいせい》を確保できるネットの世界にあふれ出てしまう側面があるのでしょう。今日では、日本が抱えている「財政難」という要因も加わって、こうした問いになおさら力を与えてしまっている傾向があります。植松被告の主張も、こうした社会の風潮を如実に映し出している側面があるのですが、果たして、これらの問いは本当に正しいのかどうかをよく吟味して考える必要があると私は思っているのです。

また、素朴で露骨で、一見モラルやデリカシーを欠いているかのようにも思えるこれらの問いは、じつは自らの存在意義に対する真摯《しんし》な省察ともつながる大切な問いではないかと私自身は考えています。

◆「障害者なんていなくなればいい」

まずはできるだけ客観的に、そして簡潔に、事件のポイントをまとめておきたいと思いますが、すでにご存じのかたは、飛ばして読んでいただいてもかまいません。

事件は、2016年（平成28年）7月26日の午前2時頃に起こりました。

神奈川県相模原《さがみはら》市の知的障害者施設「津久井《つくい》やまゆり園」に刃物を持った一人の男が侵入し、施設に入所している就寝中の障害者を次々と殺傷。19名を殺害し、職員を含む26名に重軽傷を負わせるという事件が発生したのです。

逮捕された植松聖被告（現・死刑囚）は、やまゆり園に3年以上にわたって勤務していた、逮捕当時26歳の元職員でした。朝日新聞取材班がこの事件の報道を1冊にまとめた『妄信《もうしん》　相模原障害者殺傷事件』（朝日新聞出版）という本によると、前述の「障害者なんていなくなればいいと思った」という趣旨の供述をしたほか、

「障害者は不幸を生むだけ」

「安楽死させる法制が必要なのに、国が認めてくれない」

「日本のために事件を起こした。自分は救世主だ」

などと供述したとも報じられています。あたかも、障害者の殺害を「社会正義」であるかのように主張していることは、記憶にとどめておく必要があります。

さらに、植松被告は、入所者を殺傷する際に、職員を連れまわして、「この入所者は話せるのか」と障害の程度を聞き出そうとしており、できるだけ意思疎通が難しい重度の障害者

を狙《ねら》って犯行におよんだことがわかっています。

この点については、植松被告が「ヒトラーの思想が降りてきた」と過去に語っていたことが報道されたため、ナチス・ドイツとの関連性や、人の命に優劣をつける「優生思想」の影響がしきりに論じられることになりました。

ナチス・ドイツは、第二次大戦のさなか、重い障害のある人たちを「生きるに値しない命」とみなして、ガス室や薬物などで「安楽死」させていた過去があります。「T4作戦」と名づけられたこの殺害計画によって、じつに20万人以上の人たちが犠牲になったといわれています。また、のちにこのT4作戦が、ユダヤ人を大量虐殺した「ホロコースト」へとつながっていったとされています。

しかし、その後の報道によると、植松被告にはナチスやヒトラーについての深い知識はなく、犯行を思い立ったのは、アメリカ大統領就任前のドナルド・トランプ氏の演説や、過激派組織「イスラム国(IS)」がきっかけだったなどと、その発言はコロコロと変化して一貫していません。

また、植松被告は、事件前の同年2月に衆議院議長公邸を訪れて、犯行を予告する次のような内容の手紙を渡していたことも大きな注目を集めました。

私は障害者総勢470名を抹殺することができます。
常軌を逸する発言であることは重々理解しております。しかし、保護者の疲れきった表情、施設で働いている職員の生気の欠けた瞳《ひとみ》、日本国と世界の為《ため》と思い、居ても立っても居られずに本日行動に移した次第であります。（略）
私の目標は重複障害者の方が家庭内での生活、及び社会的活動が極めて困難な場合、保護者の同意を得て安楽死できる世界です。
重複障害者に対する命のあり方は未だに答えが見つかっていない所だと考えました。障害者は不幸を作ることしかできません。

この手紙の中には、何の脈絡もないかたちで、「カジノの建設」や「医療大麻《たいま》の導入」「私はUFOを2回見たことがあります。未来人なのかも知れません」などといった支離滅裂なことが書かれています。しかし、その一方で、犯行後には当時の安倍晋三首相に宛《あ》てて、「5億円の金銭的支援」や「美容整形」「心神喪失による無罪」を要求するなど、きわめて確信犯的で用意周到な記述も見られます。

植松被告は、この手紙を出したことにより、警察から「他人に危害を及ぼす恐れがある」と判断され、勤務するやまゆり園を辞職することになると同時に、相模原市内の精神科病院に緊急措置入院させられることになりました。その際、植松被告の尿からは大麻の陽性反応が出たほか、退院後の同年3月には、相模原市役所の生活保護の窓口を訪れ、「預貯金が底をついてしまった。働いていないので生活できない」と訴えて、生活保護を受給していたことも明らかにされました。

もう一つ、この事件の特質を挙げると、警察が「遺族のプライバシー保護の必要性が極めて高い」などの理由から、殺害された被害者の実名を公表しなかった点です。

被害者遺族もまた公表を望みませんでした。確かに、事件直後からインターネットなどで、「どうせ親は自分で面倒を見きれない子を施設に捨てたんだろう」とか、「被害者遺族の中には、この事件で肩の荷が下りた人もいたはず」「植松は税金を食いつぶすだけのやつらを殺処分した英雄」などのひどい書き込みが目につきましたし、過熱報道によってこうむるであろう被害者遺族の心労を考えると、いたたまれません。匿名報道は無理もないといえる面が多々あります。しかし、これらの事情を含めて、きわめて異例な対応が行われたという事実は記しておく必要があります。

一方、裁判についてですが、事件発生から約3年半をへた2020年（令和2年）1月から3月にかけて横浜地方裁判所で開かれました。一般市民から選ばれた裁判員が、裁判官と一緒に審理を行う「裁判員裁判」による全17回にわたる公判でした。

最大の争点は、植松被告の刑事責任能力の有無や、その程度についてです。日本の刑法第39条には、「心神喪失者の行為は、罰しない」「心神耗弱《こうじゃく》者の行為は、その刑を減軽する」（第2項）という条文があるからです。植松被告は、逮捕後に行われた二度にわたる精神鑑定で、「自己愛性パーソナリティ障害」などの複合的な人格障害があると診断されていた経緯があります。さらに弁護側は、植松被告が大麻を常用していた影響から、「事件当時は心神喪失の状態にあった」として無罪を主張したのです。

しかし、同年3月16日の判決公判で横浜地裁は、「大麻や精神障害が犯行に影響したとは考えられず、完全責任能力があった」「計画的かつ強烈な殺意に貫かれた犯行で、悪質性も甚《はなは》だしい」として検察側の求刑どおり、死刑を言い渡しました。

以上が、この事件のおおよそのあらましです。

◆「素朴な疑問」と向き合うこと

さて、前述した「素朴な問い」に、いったいどう答えればいいのでしょうか。

もちろん、本書全体がその答えでもあるわけですが、さしあたって、「障害者に生きてる価値ってあるの？」などと口にする植松被告のような人に対しては、まず最初にこう聞いてみるべきです。

「では、あなた自身は、自分に生きている価値があると、誰の前でも胸を張っていえるんですか？　価値があるとしたら、どうしてそういえるんですか？」と。

おそらく多くの人は、「うーん、そういわれると、とたんに自信を失うな」と考えるでしょうし、「おまえには生きる価値がない」と他人からいわれたらイヤだからこそ、他人にもそんなことはいわないし、ましてや、殺していいはずがないと考えるはずです。

しかし、この最も基本的な問いが、植松被告には通用しないのでしょうか。

実際に植松被告と拘置所《こうちしょ》で接見をし、手紙のやりとりをしている和光大学名誉教授で哲学者・生物学者の最首悟《さいしゅさとる》さんは、こういって首をかしげます。

「そういう考え方や発想を植松青年がもっていないのは、どうしてなのかっていうのが、まずあるんですよね」

横浜市に住む最首さんは、ダウン症で重度の知的障害がある三女の星子《せいこ》さん、妻の五十鈴《いすず》さんと暮らしています。専門は環境哲学・いのち論で、かつて水俣病《みなまたびょう》の現地調査団の団長を務めたほか、障害の問題についても深い造詣《ぞうけい》があり、やまゆり園の事件が起こった直後から新聞やテレビなどで積極的に発言を行ってきました。

私が、最首さんと出会ったのは、今から10年以上前に、NHKの「ラジオ深夜便」という番組で、障害やケアの問題について対談をしたことによります。そのとき、最首さんが話してくれた内容が非常に興味深く、私にとって「ケアとは何か」を考える上で欠かせない思考をもたらしてくれました。それ以来、何度も最首さんのところにうかがって、教えを請《こ》うような関係になったのです。

さて、植松被告と最首さんの関係についてです。

あるとき、最首さんのもとに、事件を取材しているルポライターから、拘置所にいる植松被告が手紙を出したいといっているので、住所を教えてもかまわないだろうか、という連絡が入りました。それに同意した最首さん宛てに、まもなく植松被告からの手紙が送られてきたのです。2018年（平成30年）4月のことでした。

そこにはこうありました。

突然の手紙を失礼いたします。この度は、最首さんにお尋ねしたい問題があり手紙を書かせていただきました。「妄信」や神奈川新聞の記事から最首さんのお考えを拝読させていただきましたが、現実を認識しつつも問題解決を目指していないよう映ります。

植松被告は、拘置所で自分の起こした事件についての新聞記事や本を読んで、自分の考えを否定する人たちやメディアに対して、しばしば手紙を送りつけているのです。

最首さんに対しても、「大学で指導する人が、社会の負担になる重複障害者と暮らすなんてありえません。意思疎通の取れない娘さんを擁護《ようご》したい親の気持ちはわかりますが、それではまったく問題解決になっていません」と自分の考えをぶつけてきたといいます。

最首さんは、そんな植松被告に対し、「八つ裂きにしたい」という怒りを抱く一方で、植松被告に向き合い、彼本人や彼の考えに同調する人たちに向かって、自分の考えを伝えなくてはならないという思いも抱きます。

そう決意した最首さんは、同年6月、東京都立川《たちかわ》市の拘置所にいる植松被告への接見にのぞんだのです。その様子は、接見に同席した神奈川新聞の記事で報じられましたし、同年7

月に放送されたNHKスペシャル「〝ともに、生きる〟 障害者殺傷事件2年の記録」という番組でも伝えられました。

さて、実際に会った植松被告の印象について、最首さんはこう語ります。

「普通は、もし同じことが私の身に起こったら、あるいは、自分の親やきょうだい、自分の子どもだったらどうかという発想から、なぜその考え方がダメなのかということにつながるんですけども、植松青年の場合、その入口の『私の身に起こったら』という発想がどうもできない。それが、精神障害なのかどうかっていうのを、精神鑑定をする医学者が、あんまり扱わないんですね。むしろ、逆のことをいうんです。逆というのは、植松青年は自己愛が強すぎるのだと。つまり、自分のことばっかり考えてるからというのですが、私が植松青年に会った印象では、違うのではないかと思うんですよ。それが、何かの障害なのかどうかは私にはわかりませんけれども」

植松被告が、検察側の精神鑑定で「自己愛性パーソナリティ障害」と診断されたことは前述したとおりですが、もし自己愛が強い人間だとしたら、少なくとも「私」という主体を想像できるはずです。

「そう、そこから、自分はどんなことがあっても生きていくぞとか、あるいは、自分を愛するから、清く身を捨てるとかね、そういう考えにつながっていくはずです。ところが、植松青年の場合、じつはそこが遮断《しゃだん》されてるようだというところを、どうも担当している精神鑑定をする人たちがあまり注目していないみたいでね」

つまり、植松被告には、当然誰もが考えるであろう、「もし私の身に起こったら」という視点（想像力）が欠落しているようなのです。

◆「ごめんなさい、勘弁してください」

一方で、植松被告は、事件から2年以上が経過したのちも、犯行時と同じ主張を繰り返しています。同じ主張どころか、ますます強固に凝《こ》り固まっているらしいことが、２０１８年（平成30年）7月に出版された『開けられたパンドラの箱　やまゆり園障害者殺傷事件』（創《つくる》出版）という本にも記されています。

植松被告は、意思疎通のとれない人を「心失者《しんしつしゃ》」という彼独自の言葉で呼び、「自分が殺したのは人ではない」と主張しています。

つまり、自分が殺したのは、「人の心を失っている人間」であって、人ではないので「殺人」とはいえない。裁判でもそう訴えるつもりだといっています。

この『開けられたパンドラの箱』という本は、編集者の篠田博之《しのだひろゆき》氏（月刊『創』編集部）が、植松被告との手紙のやりとりや、被告の手記やマンガなどを1冊にまとめたものですが、植松被告の主張を本にすること自体が、社会に存在する偏見や差別意識を増幅することにつながると、出版の是非を含めて議論を巻き起こしました。

しかし、読んでみると、ただ単に植松被告の主張を羅列した本ではなく、本書にも登場する最首悟さんや、第5章で紹介する海老原宏美《えびはらひろみ》さんへのインタビューのほか、精神科医や篠田氏自身の解説・反論なども加えながら、事件の真相や本質を考えようとする上できわめて重要な本となっています。

植松被告は、以前から「しゃべれる障害者は好きだし、面白いこと言うな、とか思うんですけど。しゃべれない人は存在しちゃいけない」（『妄信』より）と主張してきましたが、さらに『開けられたパンドラの箱』の中では、こういっています。

「自分は心失者とそうでない障害者との線引きはできると思っています。判断の基準は意思疎通できるかどうかです。例えば自分の名前と住所を言えるかどうか、です」

また、「心ある人間」をも殺したナチスの優生思想は、人間の尊厳や定義をないがしろにしたものだが、自分はナチスとは違う。自分はユダヤ人や黒人を見下したり、差別したりはしないと語り、人間かどうかの条件に次の3点を挙げています。

一、自己認識ができる。
二、複合感情が理解できる。
三、他人と共有することができる。

これらが満たされて人間と考えられます。

（『開けられたパンドラの箱』より）

これを読んで、なるほどと納得させられる人もいるかもしれませんが、「え、これだけで人間かどうかを判断できるはずがない」と思う人も当然いるでしょう。最初のほうで紹介した天畠大輔さんもそうでしたが、交通事故などで意思疎通できなくなった人でも、回復するケースはいくらでもありますし、事件から2年以上が経過し、ようやく被害者の実像が少しずつ語られるようになっていますが、殺傷されたのは、必ずしも意思疎通のとれない人や、話せない人だけではなかったことが明らかになっています。

また、遺族にとっては、当初から「私はあの子とコミュニケーションが取れていた。園の職員もできていたと思う」と語る人は当然いて（『妄信』より）、意思疎通がとれなかったのは、被害者ではなく、植松被告自身だったともいえます。

そもそも、植松被告のいう「自己認識」とか「複合感情」という言葉自体、わかるようでよくわかりません。むしろ、植松被告こそ、「複合感情を他人と共有すること」を意図的に放棄しているか、その能力が欠如した人間ではないかと思えてなりません。


――植松被告は、「おまえこそ『心失者』じゃないか」といわれる可能性があることについて、どう考えているのでしょうか。

「そういうふうに考えることによって、初めてこの問題についての〝論〟が立ってくるのですが、今のところ、彼にそういう認識はないでしょう。そして、話が少し込み合うとね、彼はこういうんです。……『ごめんなさい、勘弁してください』と。何を勘弁してくれなのかというと、ややこしい議論に入るようなことは、勘弁してもらいたいと」

――議論はしたくないということですか？

「うん。したくないっていうんです」

――でも、彼自身は、人にいろいろ問いかけてくるわけですよね。

「自分の信念と思ってるものを、みんなにわかってほしいんですよね。でも、それに対する反論っていうのは聞きたくない」

――それで、勘弁してくださいと。

「そう、勘弁してくださいと（笑）。しかも、それをとても気弱そうにいうのね」

――コミュニケーションは、目と目を合わせますか？

「合わせない。まったく合わせない」


と最首さんはため息をつくようにいいます。「そして、私が接見したときには、神奈川新聞の記者が2人、同席していたのですが、メモを取っている彼らのほうを、伏し目がちに鋭い視線でちらちらと見てる。何を書いてるんだろうっていうのを、鋭い目つきで見ているんですね。けれども、話すときにこちらの目はまず見ないですね」

もっとも、この点については、前述の本を編集し、植松被告と何度も接見を行っている篠田博之氏は、「植松被告は、接してみると別に異常な感じはしない」と書いていますから、人によって印象は異なる可能性があります。

その一方で、最首さんがいう「植松被告は『私の身に起こったら』という発想がどうもできない」という見方については、篠田氏も似たことを書いています。それは、篠田氏が拘置所にいる植松被告に、連続幼女誘拐殺人で死刑になった宮﨑勤《みやざきつとむ》らについての自著（『ドキュメント死刑囚』）を送ったところ、宮崎のような死刑囚の刑の執行を早くしないと税金のムダづかいだと書いた返事を送ってきて、驚いたといっている点です。

篠田氏は、「彼は自分もこのままでは死刑囚になるかもしれないという認識があまりないのか、それともそれをわかったうえで、『死刑囚の刑の早期執行を』と言っているのか、よくわからない」と書いています。

また、別の報道でも、記者が「もしあなたに子どもがいて、重度障害があったら、同じように殺すんですか？」と質問したのに対して、植松被告は「ちょっと……んー」と口ごもり、答えなかったといいます（2018年1月25日／NHKニュースより）。

誰しも、植松被告にまず最初に聞いてみたいのは、「他人の生きる価値を否定するあなたが、同じように他人から生きる価値を否定されたらどうするのか？」という問いですが、それについては答えが返ってこないのです。

つまり、人に自分の意見は述べる、しかし、相手からの反論は受けつけない。そうした姿勢が、植松被告の主張を成り立たせている根幹にはあるようです。

このことは、まず第一に知っておくべき、この事件の重要なポイントです。

◆植松被告の主張は優生思想ではない

他にも最首さんと会って、はっきりと教えられた点が二つあります。

一つは、植松被告がよく口にしている「安楽死」についてです。植松被告は、自分でつくり出した「心失者」という言葉に該当する人たちを安楽死させるべきだといっています。「重度・重複障害者を養うことは、莫大《ばくだい》なお金と時間が奪われます」（前掲書より）

それが、安楽死させる理由だというのです。しかし、最首さんによると、「植松青年は、安楽死という言葉を間違って使っている」といいます。

いわれてみれば、確かにそうです。本来、安楽死とは、本人の自発的意思に基づいて行われるもので、現在、スイス、オランダ、ベルギー、アメリカの一部の州などで安楽死が容認されていますが、いずれも「本人の明確な意思表示」が条件となっているほか、他にも複数の条件をクリアする必要があります。

しかし、植松被告の考えている安楽死は、社会や国家の側が一方的につくった基準をクリアできない人に対して、実質的な「処刑」を宣告・執行するというもので、それは通常の意味での安楽死ではありません。

では、そういう行為を何と呼ぶかというと、「与死《よし》」と呼びます。当然のことですが、この与死を合法化、ないしは容認しているような法治《ほうち》国家は、独裁国家は別として、現代にはありません。過去にはどうだったかというと、前述したように、ナチス・ドイツで似たようなことが行われていました。

いずれにしても、植松被告の主張は、こうした複雑な概念や考え方を整理し、吟味することなしに、ただやみくもに「心失者は死ぬべきだ」といっているのです。

さらに、最首さんが指摘したもう一つのことは、「植松青年の考え方は、優生思想とはいえない」ということです、これも私にとっては驚きでした。

一般に優生思想とは、人間の命に優劣をつけ、優秀な者のみに存在価値を認めるような考え方を指しますが、最首さんは、問題をより広く深くとらえています。

そもそも、最首さんが長らく勤めた大学という存在もまた、優秀なエリートを選抜し、「より高く、より速く、より強く」を研究・教育するという意味では優生思想だし、それ以前に近代社会そのものが、「より経済的に、より合理的に、より効率的に」を競い合い、一層の富や繁栄を手に入れようとする意味で優生思想だといいます。つまり、優生思想とは、まがりなりにも進歩思想を基盤としているがゆえに、根深い思想なのです。

ところが、植松被告は、ただやみくもに「殺せ」というだけで、それを実行することで、社会がどう進歩し、どう発展するかについての構想が何一つありません。

「それは優生思想とは呼びません。ただの排除思想です、差別です」

さらに、こう最首さんはいいます。

「彼は、生きていても仕方のない存在として、『心失者』という概念をつくって、そういう人たちを殺害するのが、社会の問題を解決する一つの方法だというわけでしょう。では、どれだけ殺せば済むというのか。ただひたすら殺し続けるということなんだろうか。もしそういう考え方が、一般の人々の意見となり、現実のシステムとなって作動したとき、この社会はいったいどうなるのか。そこへの想像力が本当にない」

◆障害と健常はひとつながり

ところで、もともと「障害者」と「健常者」という言葉のあいだには、明確に線引きできるような境界線があるわけではありません。

たとえば、植松被告がそうであるように、自分のまわりを見渡しても、障害者なのか健常者なのかよくわからない人が、そこかしこにあふれているのが現代の日本社会の特質といってもいいのではないでしょうか。

今日、がんという病気は、日本人の2～3人に1人がかかるといわれるほどポピュラーな病気ですが、医療の発達によって、病気を抱えながらでも、何年も生きられるケースが増えています。また、がん以外にも、完治の難しい病気にかかった人たちや、交通事故などによる重傷者の生存率も高くなっています。

あるいは、「自分は健常者だ」と思っている人でも、職場の環境になじめず、うつ病を発症するケースは、今ではぜんぜん珍しくありませんし、長時間労働や過重労働、非正規雇用の増加などが、こうした傾向にますます拍車をかけています。

たとえ身体的には健康でも、内面的な不安定さを抱えていたり、感情をうまくコントロールできなかったり、人間関係でつまずきが多いなど、社会生活のさまざまな場面で、生きづらさや不適応を起こしている人が、多く目につくのが現代の特色です。

つまり、いざ自分が社会に出てみたら、職場でぜんぜん使いものにならないとか、まわりから、「使えねぇー」「役に立たねぇー」「人に迷惑かけすぎ」「生産性、低すぎ」などといわれ、排除されてしまう可能性は、誰にでもある社会ということです。

さらに、発達障害まで視野に入れるとなると、「障害」と「健常」という概念はますます境界線があいまいになってしまいます。

とりわけ、近年では、「自閉症スペクトラム障害（自閉スペクトラム症）」という言葉がよく知られるようになりました。「スペクトラム」とは、連続体という意味ですが、自閉症傾向は、ごく軽い人から重い人まで、幅広く分布しているという考え方です。

かつては自閉症といえば、知的障害をともなう自閉症のことをそう呼んでいたのですが、今では、そうした自閉症は「カナー型自閉症（古典的自閉症）」と呼ばれ、自閉症という概念をもっと幅広い視点でとらえ直すようになっています。

そもそも、自閉症的な傾向というのは、健常者の中にも幅広く存在していて、まわりの人間関係や、その人が置かれた環境によって、症状（自閉的な傾向）が重くなったり軽くなったりするものと考えるとわかりやすいかもしれません。

これは、私自身に当てはめてみてもそうで、物事に対するこだわりが異様に強く、気持ちにムラがあって、人間関係にも問題を抱えることが多々あります。幸か不幸か、私は大学を中退して、すぐ今のフリーランスのライターという仕事に就きましたから、比較的マイペースで仕事をすることができていますが、もし就職でもして、嫌な上司から一日中パワハラを受けるような環境にいたら、たちまち「心の病」を発症してしまうだろうという自覚があります。

要するに私は、障害と健常という連続線上において、比較的、障害のほうに針が振れやすい傾向をもった人間だということです。そして、それはおそらく私だけに限ったことではないでしょう。誰もが、ある部分では健常者ともいえるし、別の部分では障害者かもしれない、というように、障害と健常の連続線上を揺れ動きながら生きています。そう認識するほうが、より現実に見合った考え方といえるのではないでしょうか。

その意味では、現代は「1億総障害者時代」といってもよく、「支え合い」なしには、ますます社会が成り立っていかない時代です。

「障害者なんていなくなればいい」「障害者って、生きてる価値あるの？」などといっている植松被告のような人だって、じつは厳しい社会状況に追い詰められ、人間性のどこかを深く病み、社会から落伍《らくご》しかけている状況にあるのかもしれません。

そうであるのなら、たとえ障害があっても、あるいは、社会に適応できない面を多少は抱えているような人でも、適切な支援を受けながら学業や仕事に従事できて、その人なりの能力を生かして活躍できる社会をつくっていかなくてはならないのですが、困ったことに、人は往々にして、まったく逆の考え方に陥りがちです。

他人に向かって、「自己責任だ、もっと努力しろ」「怠け者は切り捨てろ」「無能な人間は淘汰《とうた》しろ」といっていられるうちはいいですが、その言葉がいつなんどき、自分に降りかかってくるかわかりませんし、目先の財政難や、短絡的なバッシング感情に流されて、「支え合い」なんて不要だと、ちゃぶ台をひっくり返すような空気が強まれば強まるほど、ますます殺伐《さつばつ》とした社会となって、適応できない人がさらに続出してしまいます。

自己責任や淘汰の原理というのも、それが社会に活力をもたらし、私たち一人ひとりが幸せになれるならいいのですが、どうやらそうではなく、激しい吹きさらしに裸のまま立てといっているようなもので、持ちこたえられない人が続出しているのが、今の日本社会の状況ではないでしょうか。

誰もが必要なときには、手をさしのべ合って生きていけるような社会、そして、そのために必要な福祉や社会保障制度だからこそ、厳しい財政状況でもみんなで支えようという方向に、歯車を逆に回していかなくてはならないのですが。

◆再び「素朴な疑問」と向き合う

さて、前に挙げた「素朴な疑問」にもう一度立ち返ってみましょう。

「障害者って、生きてる価値はあるんでしょうか？」

という最初の疑問には、これまでも見てきたように、自分が他人からそれをいわれたらどうか、自分ならそれにどう答えるのかを考えてみることです。すると、自分が「生きる価値」をいったいどうとらえているかもわかってくるでしょう。

自分はなぜ、自分には生きる価値があると考えているのか。それは、たとえば、「健康だから」なのか、「学校の成績が優秀だから」なのか、あるいは「何かに秀でた才能があるから」なのか、それとも「たくさんの人に愛される存在だから」「仕事ができて年収が高いから」「多額の税金を払って、社会や国家を支えているという自負があるから」なのか。

いずれにせよ、自分が感じている自分の存在価値を、他人もすぐ納得して、そのとおりだとうなずいてくれるとは限りませんし、そもそもどんな人間に存在価値があるかなど、そう簡単に答えが出せるものではないこともわかってくるのではないでしょうか。

では、「なんで税金を重くしてまで、障害者や老人を助けなくてはいけないのですか？」、あるいは、「どうして強い人間が、弱い人間を生かすために働かなきゃならないんですか？」という問いに対しては、どう考えればいいのでしょうか。

これについては、障害者や老人が、本当に、ただ「助けられる」だけの存在なのかどうかを考えてみることです。そして、考え始めると、障害者や老人の存在が、逆に社会を助けている面がたくさんあることに気づくはずです。その点については、第2〜3章でじっくり考えていきますので、ぜひ先を読み進めてほしいと思います。

とはいえ、もし強い人間が、弱い人間を助けないのなら、そもそも人が、社会や国家というものをつくり、みんなで税金を出し合うことに、意味などあるのでしょうか。

こうした機能のことを、「富の再分配」といいます。

単純にいうと、たくさん稼いだ人が、たくさんの負担をし、あまり稼げない人たちにも富を分け与えるための仕組みです。国でいえば、まず税金（累進課税といいます）がそうですし、会社でいえば、給料というものにもそういう面が多分にあることを、普段私たちはすっかり忘れてしまっています。

どういうことかというと、たとえば、20万円の月給をもらっている社員がいたとして、その人が毎月、自分の給料分以上の売り上げや利益を、会社にもたらしているかというと、そんな社員はなかなかいないものです。一つの会社には、突出して利益を生み出せる優秀な社員もいれば、そうではない社員もいます。また、総務部や人事部といった裏方的な仕事で、稼げる社員をサポートする人たちもいます。そうしたさまざまな働きによって、会社全体の利益は生まれ、組織は維持されています。

だからこそ、稼げる人も稼げない人も、毎月安定した給料を、会社からもらうことができるのです。また、どんなに優秀な社員にも、調子のいいときと悪いときがありますし、病気で仕事を休まなくてはならないこともあるでしょう。そのときは、別の社員がフォローして、会社の利益を支え、病気で休んだ人にもちゃんと給料を保障してくれます。

それは、ある意味、「福祉」という発想と同じです。

完全能力主義では、会社や組織自体が成り立ちませんし、そもそも組織をつくる意味がありません。人は、往々にして、会社からもらった給料を、「自分が稼いだお金だ」と思いたがりますが、実際はそうとはいい切れないことをよく知っておく必要があります。

完全にフリーランスで、自分でつくったものを自分で売って、月々10万円をコンスタントに稼ぐのがいかに大変なことか、私は身にしみて知っているので、なおさらそう考えがちなのかもしれませんが。

おそらく、どんなに稼げる人でも、視野を広げれば、必ず稼げない人がいるおかげで稼いでいる面が多分にあるはずですし、能力がある人たちは、能力のない人たちがいるおかげで、その能力を商品やサービスに変えて、利益を生み出しているはずです。

もし世の中が、能力のある人ばかりで埋め尽くされたとしたら、そもそも能力の意味がなくなってしまい、商品やサービスの価値も低下してしまいます。

要するに、人は誰しも、こうした「富の再分配」や、福祉的な支え合いによって暮らしているのです。もし、それをしないということになれば、そもそも人が、組織とか社会とか国家というものを維持する意味の大半がなくなってしまうでしょう。

そして最後に、「自然界は弱肉強食なのに、なぜ人間社会では、弱者を救おうとするのですか？　すぐれた遺伝子が生き残るのが、自然の摂理ではないですか？」という疑問に対してはどうでしょうか。

突拍子もないことをいうようですが、自然界は、本当に「弱肉強食」なのでしょうか？　たとえば、私たちが真っ先に思い浮かべる「強い動物」といえば、百獣の王・ライオンですが、ライオンがシマウマを食べ尽くしてしまったという話は聞いたことがありません。むしろ、絶滅が心配されているのは、ライオンやトラ、オオカミなど、私たちが「強い」と思い込んでいる肉食獣のほうです。自然界における「強さ」とは、なにも1対1のケンカに勝つことではなく、「種《しゅ》」として生き残ることだと考えれば、そもそも「強い」とか「弱い」

という価値観自体が揺らぎ始めてしまいます。

また、人間という一つの種で考えてみても、もし人間が、弱い者を淘汰《とうた》にまかせて見殺しにする生物だったとしたら、なぜ医療がここまで発達したのでしょうか。

私は、幼少期にひどく病弱であったことを両親から聞かされて知っていますが、私に限らず、淘汰の原理では、この世に存在できなかったという人は数限りなくいるはずです。目の前にいる病者や弱者を、どうにかして助けたいと思うのは、社会的動物である人間に備わった、ある種の「自然」といえるのかもしれません。

また、自然の摂理（進化の原理）というものに目を向けると、なぜ人間社会が弱者を救おうとするのかについては、じつにさまざまな考え方や説明の仕方があります。

最もよくある説明としては、できるだけ多様な形質をもった個体を生かすことが、人間という種そのものの存続にとって有利に働くから、というものです。

たとえば、現代において「価値が高い」とされる個体だけが生存を許され、「価値の低い」と思われる個体を皆殺しにしてしまうとしたら、時代が変わって、その価値観が意味を持たなくなった瞬間、人類が滅んでしまうリスクを抱えることになります。

つまり、そうならないように、あらゆる可能性を考えて、現代においては「価値が低い」と思える個体も、一人残らず生存を保障していくことが、人類が存続していく上で欠かせない条件なのだということです。

たとえば、体が動かない、目が見えない、耳が聞こえないなど、障害者が置かれている状況は、健常者にとっては「苦痛」にしか思えないかもしれませんが、そんな状況を生き抜く彼らのような存在が、いつか人類全体を救うような「何か」をもたらすかもしれません。

何千年、何万年先のことなど誰にもわかりません。また、近い将来を考えてみても、ＡＩ（人工知能）の発達によって、体が動くということ自体、もはや価値を失ってしまう時代が訪れないとも限りません。現代の価値観だけで人間を判断してしまうことが、いかに危険で浅はかなことであるかがわかるでしょう。

何が人類に「進化」や「発展」をもたらしてくれるかは、本当によくわかりません。

昔から、「天才と狂気は紙一重」という慣用句にあるとおり、有名な偉人たちの中には、何らかの精神疾患や発達障害を抱えていたのではないかと思われるような〝欠落〟や〝奇行〟のエピソードがあることを、私たちはよく知っています。

ニュートンやアインシュタイン、ゴッホ、ゲーテ、モーツァルト、夏目漱石、芥川龍之介など、傑出した過去の科学者や思想家、芸術家などを精神医学的に分析し、その創造性と精神疾患との関係などを明らかにする学問のことを、「病跡学（パトグラフィ）」といいますが、人間の精神の光と闇はひとつづきであり、もしも精神疾患を淘汰するとしたら、同時に、人類に多大な貢献をもたらす天才もまた姿を消す可能性があります。

むしろ、人間という種にとって、最もどうでもいい存在なのは、さしたる独創性もなく、与えられた仕事を、ただ無難にこなすことくらいしか能のない、私も含めた、圧倒的多数の平凡な健常者ということになってしまうでしょう。

◆人間というのはわからない

ところで、獄中の植松被告と接見し、手紙のやりとりを続ける最首悟さんには、心を引き裂かれるような思いがあるといいます。

当然のことながら、45名もの人を殺傷し、さらには自身の娘をも「心失者」呼ばわりしてくる植松被告――。「八つ裂きにしたい」という怒りを覚えながらも、どうにか冷静さを保ちつつ、心がけているのは次のようなことだというのです。

「まずは植松青年を非難しないということ。そして、事態はこうなんだ、事実はこうなんだと押しつけがましく解説することもしない。私は、障害のある娘と妻と3人で暮らしている身として、なぜ星子がだいじなのかはしっかり語っていくけれども、植松青年を非難するとか、悔い改めろなんていう気はないです」

──矛盾をつこうという思いもない？

「ないです。ただ、その中で植松青年の心がふっとほぐれる瞬間がくるのかどうか……。相当、凝り固まってますのでね。植松青年のほぐし方があるとしたら、いったい何だろうということの試行、一つの試みをやってみるということですね」

植松被告には、その人間性にいくつかの特質があるといいます。まず、自分の外見を異様に気にすること。そして、自分の子ども時代、とりわけ自分の両親についての話題は、完全にシャットアウトして何も語ろうとしない点です。

「彼は、自分の外見については非常に気にしていて、顔がイケメンじゃない。なんか寝ぼけてるというわけ。それと、なぜか脱毛することにこだわりがあって、同行した神奈川新聞の記者にも、差し入れを持ってきてくれる費用で、脱毛剤を買ってきてほしいっていうんです。これもすごい特異でね。つまり、彼の中には、清潔思想や無菌思想っていうのが根強くあるのか。そして、そのことは、彼が入《い》れ墨《ずみ》（タトゥー）を好んでいることと、どう関係しているのか……。彼は、もともと自分は教師になりたかったんだけど、なれなかったという、ある種の挫折体験があるようなんだけど、大学時代をちゃらんぽらんに過ごして、どうも愉快になりきれなかったということもいうわけ。そうした、彼が抱え込んでいることの中身を少しずつ知りたいと思っているのですが」

しかし、それにもまして、最首さんが思うのは、なぜ植松被告が、いとも簡単に物事をわかってしまえるのか。即断、即決してしまえるのかという点です。

「私にとって学ぶとは、人間にはどのようにしてもわからないことがある、ということをまず受け入れることなんですね。『わかった』と思った瞬間、たくさんの『わからないこと』が増えてくる。日常というのは、『わからない』の連続です。そして、わからないからこそ、ここに『いる』というように、おだやかさや平安を導いてくれる」

私は前のほうに、植松被告は、「もし自分だったら」という考え方や発想ができない人のようだと書きました。しかし、急いでつけ加えなくてはならないのは、世の中にはそれとは真逆に、「もし自分だったら」という言葉を用いて、いとも簡単に物事を判断し、結論を下してしまえる人たちもいることです。

たとえば、次のようなことも本当によく口にされたり、書かれたりします。

「自分なら、延命治療をしてまで生きていたくない」

「もし認知症になって人に迷惑をかけるくらいなら、自分は絶対に死を選ぶ」

「もし事故で半身不随になったら、自分なら安楽死を希望する」

ちなみに、最初に紹介した橋本みさおさんの口文字の動画をアップしたサイトがあるのですが、そのコメント欄には、こんな言葉が書き込まれています。

「自分だったらこんな風になるなら延命措置は要《い》らないかな」

みさおさんの何を知っているわけでもない、通りがかりの閲覧者《えつらんしゃ》が、偉そうな口を利《き》くんじゃねえよ、とみさおさんをよく知る人たちは強い怒りにふるえるでしょう。

みさおさんが、ALSという難病を抱えながら居宅介護事業所を立ち上げ、自らたくさんの介護者を育てて社会に送り出したり、あるいは、日本ALS協会の活動を通して、さまざまな難病当事者のために多大な貢献を行っていることなど知らずに、知ろうともせずに、簡単にそういい放ってしまえる残酷さ――。

しかし、私自身が、じつは冒頭から書いているように、自分が50歳になることもまともに想像できないような人間でしたから、偉そうなことは何一ついえないのです。

古い話で恐縮なのですが、私が小学6年生だった頃に、「ノストラダムスの大予言」というのが流行《はや》ったことがあります。たまたまクラスの友人が、当時ベストセラーになった本を学校に持ってきて、またたくまに、みんなで熱狂し始めたのですが、そこには「1999年に人類は滅亡する」というような予言が書かれていました。あと20年で人類は滅亡するのかよ、マジかよー、と友だちと一緒にふるえ上がっては、数日間、その話題で持ちきりだったのですが、10代だった私は、同時にこんなことも思っていたものです。

1999年といえば、自分はすでに31歳である。それくらいの年齢なら、もう人生でやりたいことの大半はやり終え、人類滅亡とか別にへっちゃらかもしれない。痛いとか、苦しいとかはイヤだけど、そんなに怖がることじゃないのかもしれないと――。そんな冷めたことを考え、実際に口にもしていたのですから、当時の自分にとって、31歳とはそれくらい先の話に思えていたわけです。

しかし、実際は20年などほんの一瞬でした。よく女子高生たちが、「30歳のオバサンになるくらいなら、その前に死んでしまいたい」といったりするのと同じで、何のリアリティも想像力もない、ただの戯言《たわごと》にすぎませんでした。

そして、始末に負えないことなのですが、そんなことをいっている私自身が、いまだに70代や80代になり、思いどおりに自分の体を動かせなくなって、介護を受けなくてはならない日がくることを、うまく想像できないでいるのです。「あそこまでして生きたくないよな」と他人に思われるような状態に、もし自分がなったとき、それでも自分は生き続けたいと思うものなのかどうか。本当のところよくわかりません。しかし、その一方で、「わからない」からこそ、安易に結論を下してしまってはいけないという抑制も働きます。

最首悟さんは、次のようにいっています。

そもそも人間は、「自分がどうして生まれてきたのか」ということさえ、わからないわけでしょう。その解決できない「わからなさ」の中に、大切なことがあるんです。そして、わからないからこそ、あらゆることに「ためらう」わけで、「わからなさ」というのは、もう歯がゆいほど優柔不断になるんですね。

でも、わからないからこそ、いろんな希望も期待もある。植松青年にはそういう思いがない。何でも即断してしまって、迷いがない。だからこそ、私は植松青年に問いかけていかなくてはならないと思っているんです。早急にわかる必要はないと。「わからない」ということをもっと大切にしてほしいのだと。

◆「自分と他者」のいる世界へ

最首さんには4人の子どもがいますが、障害のない上の3人の子は、すでに独立して親元を離れ、最首さんは現在、40代になった星子さんと暮らしています。

「星子はね、まったく言葉は話しません。それから排泄も自分一人ではできないし、ごはんも人に食べさせてもらわないと食べられません。それと、目が見えないんです。ですから、だいたい一日中、うちで音楽を聴いています。そういう身でありながらね、『どうーにも、かなわん』というか、悠然と生きてるわけね」

私が、最首さんと初めて出会ったのは、NHKの「ラジオ深夜便」という番組での対談だったと前に書きましたが、そのとき最首さんは、こんなことを話してくれたのです（2004年9月12日放送「ケアは誰のために」）

通常は、障害のある星子さんが「弱者」であり、星子さんの世話をする最首さんが「強者」と考えがちですが、つねづね最首さんは、星子さんに「どうーにも、かなわん」という敗北感と尊敬の念を抱いているというのです。

最首さんが感じている星子さんの「強さ」とはいったい何でしょうか。

「星子が生まれてからというもの、私のほうこそ〝星子あっての自分〟みたいになってしまいましたからね、私のほうが、星子に依存してるわけです」

「最首さんが、星子さんに依存していると思うのは、どんな瞬間ですか？」

私がそうたずねると、最首さんは、「うーん」としばらく考え込んでから、こんなことをいいました。

「星子はね、別に私は世話してほしいなんて頼んでないよ、という感じなんです。それは、生きることにぜんぜん執着しない者の強さというのかな。ごはんを食べさせてくれないのなら、私は黙ってそのまま死ぬよと――。どうもそういうような雰囲気がある。だから、もう泰然自若《たいぜんじじゃく》として生きてるのね。

そうなると逆にね、私のほうが星子を世話するのを、生きるよすがにしているというかな、自分はなんと星子に依存した存在なんだろうか、というのが、逆照射されてしまうんですよ」

こうした最首さんの言葉が、そのときの私の心を突き刺しました。「強い」のは、むしろ彼らのほうであって、それに比べると、私たち健常者はなんと「か弱い」「不安だらけの」存在なのだろうか。そんな天地がひっくり返るような感覚にも襲われたものです。

そして、最首さんはこうもいいます。

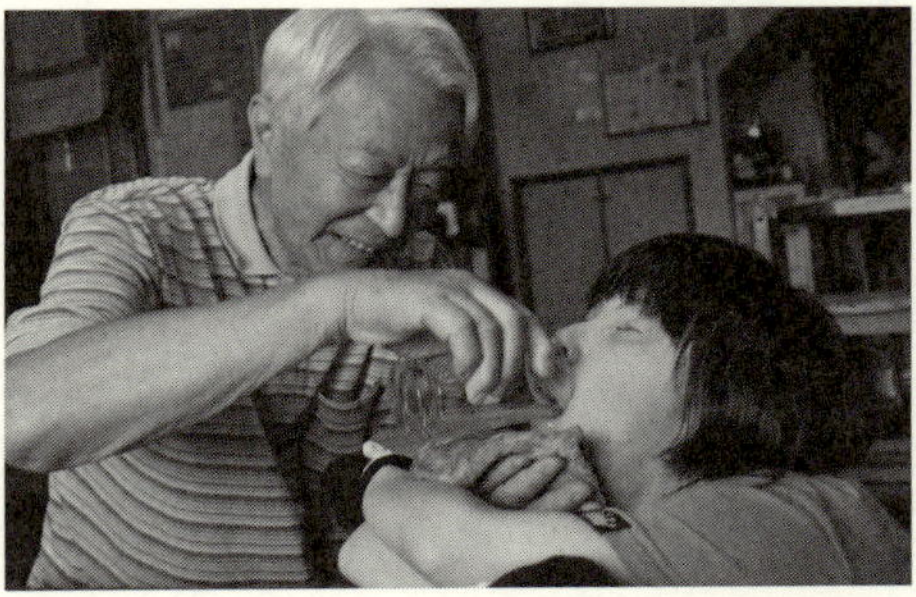
最首悟さんと三女の星子さん（提供：神奈川新聞社）

星子さんは、とても好き嫌いが激しい性格で、イヤなときはテコでも動かないような、頑固《がんこ》な気性の持ち主だそうですが、そんな星子さんが最首さんから逃げることもせず、じっと抱かれて、一緒にひなたぼっこをしているようなときは、「まるで悠久とした時間の流れにひたっているような、幸せな気分をもたらしてくれる」と――。

最首さんの経験とは比べものになりませんが、私にも、重度の知的障害がある鹿野《しかの》美和さんという女性とのつき合いがありました。

じつは、次章から詳しく話す鹿野靖明《やすあき》さんの6歳年下の妹なのですが、美和さんは、点頭《てんとう》てんかん（ウエスト症候群）という難病で、重度の知的障害と身体障害がありました。てんかん発作を起こすため、在宅での生活はきわめて難しく、札幌《さっぽろ》市内の知的障害者施設で暮らしていました。

すでに2016年（平成28年）に51歳で亡くなってしまったのですが、生前は母親の鹿野光枝さんが毎週、美和さんへの面会を欠かしませんでした。光枝さんは夫の清さんを亡くし、一人暮らしのために、誰かが車で施設まで送迎をする必要があり、光枝さんの弟夫婦と鹿野さんのボランティアとが交代で務めていました。その役が、私にも数カ月に1回、まわってきたのです。

星子さんと同じように、美和さんにも独特の気難しさや頑固さがあり、私のことなど気にもかけないという気高《けだか》さがありました。

美和さんもまた、言葉をまったく話しませんし、手を握ろうとしても、すぐ振り払われてしまいますし、私とは目を合わせることもありません。私が挨拶しても、話しかけても、美和さんの興味を引くことはできません。美和さんの気持ちを読み取れるのは、光枝さんだけで、何度会っても私のことを認識してくれているとは、とても思えませんでした。

ところが、一度だけ、そんな美和さんと気持ちが通い合う瞬間があったのです。

それは、毎年恒例の施設の秋祭りの日に、いつものように光枝さんを施設まで送り、車いすの美和さんと一緒に施設の庭に出て、特設された出店やステージを眺めていたときのことです。私は、美和さんの車いすのひじかけに手を置いていたのですが、ふと気づくと、私の手の上に、美和さんが自分の手をピッタリと重ね合わせていたのです。

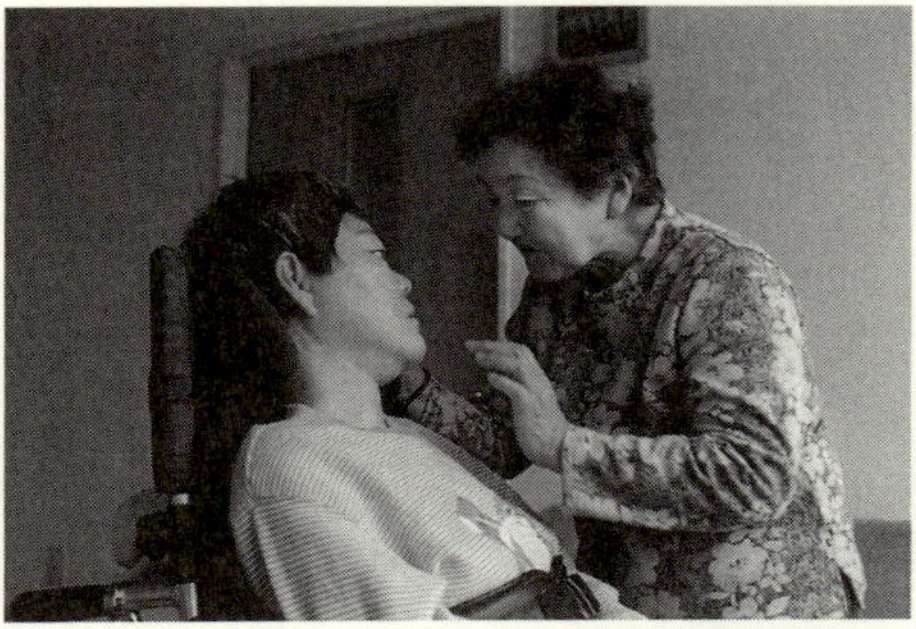

鹿野靖明さんの母・光枝さんと妹の美和さん　©高橋雅之

隣にいた別の入所者のお母さんが、それに気づいてこういいます。

「あら、美和ちゃんが、お母さんを連れて来てくれてありがとうっていってるね」

光枝さんもまた、「ホントだ、珍しいことあるね」と笑います。そのとき、私の全身に言葉ではいいあらわせないような感動が渦巻いていました。しいていうと、美和さんが私を「認めてくれた」というような喜びでしたが、あのとき味わった脳天を貫くような感動にこそ、「他者」と通じ合うことの本質があるように思えてなりません。

重度障害者、とりわけ重度の知的障害のある人たちは、彼らなりの独特の世界観や価値観の中を生きています。

私は今、「彼ら」という言葉でひと括《くく》りにして呼びましたが、たとえば、星子さんと美和さんとでは、まったく別の世界観や価値観をもって生きているのでしょうし、彼らと気持ちを通い合わせるのは、橋本みさおさんや天畠大輔さんや新田勲さんとコミュニケーションをとることよりも格段に難しいことに違いありません。

また、「気持ちが通い合った」というこちらの思いも、じつは勝手な思い込みであり、錯覚であるのかもしれません。

にもかかわらず、そんな彼らと、確かに「気持ちが通い合った」と思える瞬間はあって、彼らは、彼らの心の琴線《きんせん》に触れる瞬間が訪れたときだけ、私の存在を認めてくれるのです。そんな感じがしてしまいます。私が彼らの存在価値を認めるのではなく、彼らが、私を認めてくれるのです。

やまゆり園に勤務していた頃の植松被告はどうだったのでしょうか。

じつは植松被告は、誰にもその存在を認めてもらえなかったのではないでしょうか。結局、誰とも1対1で気持ちを通い合わせる経験を持てず、誰一人として自分を認めてくれないという敗北感が、やがて「意思疎通のとれない」人たちへの憎悪へとつながっていったのではないでしょうか。私には、そう思えて仕方がありません。

植松被告は、最初は仕事に意欲を見せていたものの、次第にやる気を失っていったと報じられていますが、公開されている植松被告のノートや手紙の文章からは、個人情報保護という事情はあるのでしょうが、施設にいた入所者たちの顔がまったく浮かび上がってきません。普通は、特定の誰かとの関係を深めていく過程において、大きな発見や気づきを得るものですが、植松被告にはそれがなかったのでしょうか。

たとえば、それは、最首さんにとっての星子さんであり、深田耕一郎さんにとっての新田勲さんであり、そして、私の場合でいうと、筋ジストロフィーの重度身体障害者、鹿野靖明さんということになります。

【NOTES】「介護」と「介助」はどう違うの？

本書には、「介護（介護者）」、あるいは、「介助（介助者）」という、よく似た言葉が混在しています。これらの言葉に違いはあるのでしょうか。

結論を先にいうと、とくに違いはありません。本書では基本的に、各場面に登場する当事者の人たちが、普段用いている言葉を尊重して使用することを方針としています。

例を挙げると、第1章に登場する橋本みさおさんや新田勲《にったいさお》さんは、「介護（介護者）」を、第2章の鹿野《しかの》靖明《やすあき》さんや、第3章の中西正司《しょうじ》さんは、「介助（介助者）」を主に用いています。また、第5章に登場する海老《えび》原宏美《はらひろみ》さんの場合は、「アテンド（アテンダント）」という言葉を用いることが多いことから、その都度、それを尊重するというスタイルをとっています。意味している内容は、ほぼ同じと判断していただいてかまいません。

＊

とはいえ、一般的には、「介護」と「介助」には、微妙なニュアンスの違いがあり、使い分けが行われることがありますので、それについて書いておきます。

著名な社会福祉学者で、日本女子大学名誉教授だった一番ヶ瀬《いちばんがせ》康子《やすこ》氏（2012年死去）の著書『新・セミナー介護福祉⑪〔三訂版〕介護概論』（共著、ミネルヴァ書房）によると、

「『介護』という言葉は、造語である。おそらく、『介助』の『介』と『看護』の『護』を組み合わせたものであろう。古い辞書には『介護』という語句は載っていない」

とあるように、言葉としての歴史が古いのは、「介助」のほうです。

「介助」の語源は、日本で初めて近代看護教育を学んだ大関和《おおぜきちか》氏による明治の書物『實地《じっち》看護法』に登場する「介輔《かいほ》」にあるとされ、看護師が患者

の苦しい症状や状態を手助けする行為をそう呼ぶようになったそうです。また、患者だけでなく、医師の治療や診療を、看護師がサポートすることを「診察介助」と呼ぶことなどから、「介助」は、古くは看護における「医療的な手助け」を意味する言葉でした。

一方、前述のように、「介護」が造語として誕生したのは、1963年（昭和38年）に、「老人福祉法」が制定されたのがきっかけだったとされています。というのは、この法律で、従来の老人ホームが新たに体系化され、「特別養護老人ホーム」が誕生しました。その際、入所する高齢者の世話をする行為をどう呼ぶかが問題となり、「介助」と「看護」から「介護」という造語が生まれたのです。それ以前の老人ホームでは、「寮母」と呼ばれる人が、高齢者の世話に当たることが多く、それに該当する専門用語が見当たらなかったためでしょう。

そして、1987年（昭和62年）に、「社会福祉士及び介護福祉士法」という法律が成立し、「介護」という行為が国家資格として位置づけられるようになります。それによって、「介護」は、より一般的な法令用語・専門用語として社会的にも広く定着していきます。

＊

現在、「介助」と「介護」という言葉の一般的な使い分けの状況をいうと、「介助」が一つひとつの具体的な手助け（食事介助、入浴介助、排泄介助など）という意味で使われるのに対して、「介護」という言葉は、要介護者（高齢者や障害者など）の生活全体を視野に入れて、専門家の目線で、「介助し、保護し、指導する」というニュアンスがあり、より総合的な上位概念として用いられることが多くなっています。

それだけに、障害のある当事者にとっては、「介護」に反発や嫌悪感を抱く場合があることを知っておいてほしいと思います。「介護」という言葉には、「要介護者は、保護・指導されるべき存在」という〝上から目線〟のニュアンスが色濃いためです。

日本を代表する障害者運動のリーダーで、本書の第3章に登場する中西正司さんは、その著書『当事者主権』（共著、岩波新書）の中にこう書いています。

「介助では主体はあくまで当事者であるのに対し、介護では当事者は客体である。障害者自立運動では、当事者主権を強調するために、このふたつの用語を使いわけてきた」

そのため、当事者の主体性を尊重して行われるのが「介助」、高齢者や障害者を保護や世話の対象として行うのが「介護」と使い分け、障害者の自立生活においては、「介助」を自覚的に用いるのが一般的となっています。ただし、ややこしいのですが、人によっては、そうしたニュアンスの違いに、あまりこだわりをもたない人もいることから、描く対象によって使い分ける必要があるといえます。

一方、「ケア」という言葉もまた、介護・介助に似た意味で使われます。

こちらは、介護よりもっと広い意味をもち、医療的ケア（看護）や保育、育児（子育て）、心のケア、相談援助（ソーシャルワーク）、地域包括ケアシステムなど、人と人との「支え合い」をあらわす概念としてよく用いられています。

さらに、「ケア」と同様に、広い意味をもつ言葉に「支援」というのもあります。とりわけ、知的障害者や精神障害者の支援というように、直接的な身体介助をあまり必要としない場合などにもしばしば用いられています。

第2章

支え合うことのリアリティ

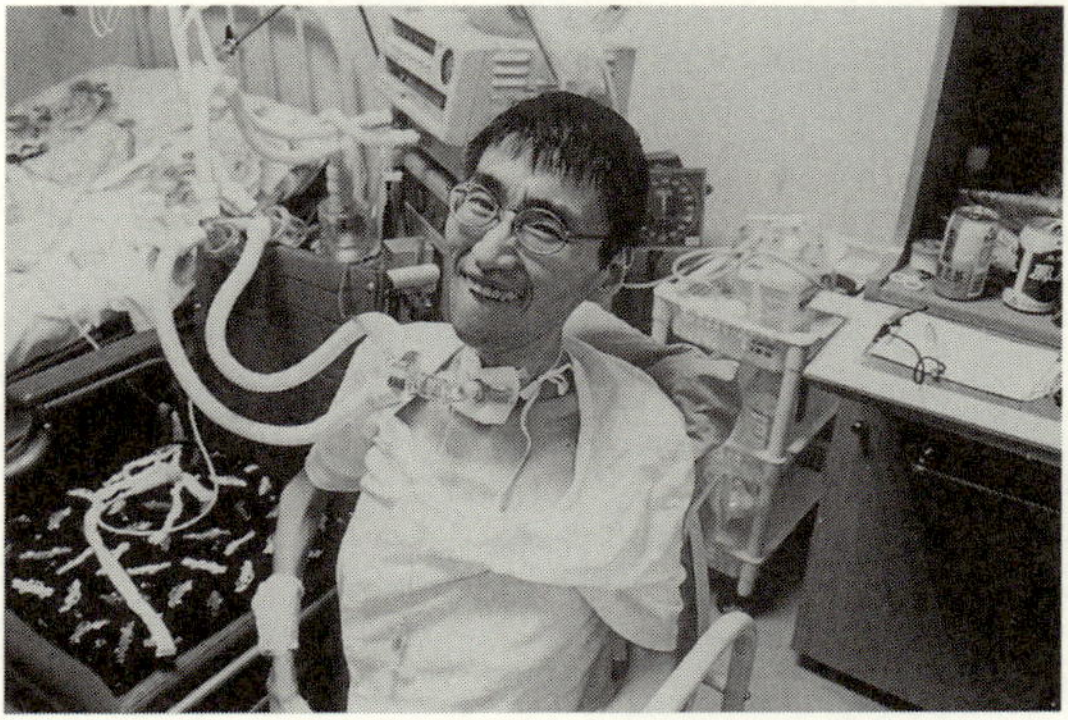

©高橋雅之

◆『こんな夜更けにバナナかよ』の世界

私が、福祉や介助・介護の世界を考えるとき、その考え方の根幹となっているのは、『こんな夜更けにバナナかよ』という本を書く上で出会った、重度身体障害者の鹿野《しかの》靖明《やすあき》さんと、彼を取り巻くボランティアたちとの関係性です。

2003年（平成15年）に出版されたこの本は、タイトルがまず風変わりなので、いったい何の本なのかといわれることも多いのですが（タイトルの意味はあとで説明します）、「進行性筋ジストロフィー」という難病を抱えた鹿野さんと、その鹿野さんを24時間体制でローテーションを組んで支えていた介助ボランティアたちとの交流を、私が取材して書いたノンフィクション作品です。

取材を始めたのは2000年（平成12年）4月のことで、鹿野さんは当時40歳、私は32歳でした。その後、鹿野さんは、2002年（平成14年）8月に、筋ジストロフィーによる二次性心筋症（不整脈）のため、42歳で世を去ります。

ですから、私が生身の鹿野さんと接したのは、わずか2年4カ月という短い期間にすぎませんが、今振り返っても、「人と人が支え合う」ことの意味を教えてくれるような大きな体験でした。

筋ジストロフィーという病気は、全身の筋力が徐々に衰えていく難病で、根本的な治療法（根治療法）はいまだに確立されていません。

病気の進行は人によって違いますが、年齢とともに手や足などの筋力が徐々に低下し、鹿野さんの場合は、18歳のときに歩行障害から車いす生活になりました。

また、この病気が恐ろしいのは、手や足の筋力だけでなく、徐々に内臓の筋力も低下してしまうことです。たとえば、健康な人は、普段、無意識に呼吸していますが、それは呼吸筋が胸郭をふくらませたり、しぼませたりすることによって息を吸ったり吐いたりできるからで、筋ジスの場合、この作用も弱まってしまいます。

そのため、だんだん自発呼吸が難しくなって、最終的には「人工呼吸器」という医療機器を装着しなくてはならなくなります。さらに、心臓も筋肉のかたまりですから、心臓のポンプ作用を行う心筋の働きも徐々に弱まってしまい、最終的には、鹿野さんがそうだったように心筋症（心臓の機能が異常をきたす疾患）をわずらって、死に至るというのがおおよそのパターンです。そんなわけで、一般に筋ジス患者は、専門の医療施設などで一生を終えるケースが少なくないのですが、そんな中、鹿野さんは、「どんなに障害が重くても、地域で普通に生活したい」という考え方を貫いた人でした。

とはいえ、手が動かない、足も動かないわけですから、介助者がいなくては生きていけません。おまけに鹿野さんは、35歳のとき、先ほどいった呼吸筋の低下によって、のどに穴を開ける「気管切開」の手術をして、人工呼吸器を装着しました。

人工呼吸器を装着すると、気管内に不定期に痰《たん》がたまるため、その都度、たまった痰を、そばにいる介助者が「吸引器」という機械で吸引してあげないと窒息してしまうという困難も背負ってしまいます。

では実際、どうやって生活していたのかというと、大学生や主婦、社会人など、たくさんのボランティアを募集して、自らローテーションを組み、24時間の介助体制をつくっていました。1日に「昼」(午前11時~午後6時)、「夜」(午後6時~9時)、「泊まり」(午後9時~翌朝11時/2人による交代制)と合計4人のボランティアや、ボランティアではどうしても埋められない穴を埋めるために、有料で雇い入れた介助者が、入れ替わり立ち替わりやって来て、鹿野さんを介助していました。

とにかく1日24時間、つねに他人がそばにいないと生きていけないという境遇を鹿野さんは生きていました。

◆「公的介護保障制度」って何だろう？

次章に詳しく書きますが、当時はまだ障害者を支える地域ケアの制度が、今以上に十分ではありませんでした。

障害者が地域で生活する場合に、介助にかかる費用を、国や地方自治体が助成する制度のことを「公的介護保障制度」と呼ぶことが多いのですが、こうした制度は、障害者が施設や病院を飛び出し、実際に地域で生活をしながら、介助がなくては生きていけない現状を社会や行政に訴えることによって、少しずつ前に進んできました。

公的介護保障制度には、地方自治体によって大きな地域間の格差があります。なぜかというと、自治体の財政状況や、福祉に対する理解度によって大きく異なるのに加えて、その地域に住む障害者たちが、自ら声を上げて、行政と粘り強い交渉を行っている地域ほど制度が充実し、そうでない地域は遅れるという現実があるからです。

また、たとえ充実した制度ができたとしても、財政難を理由にして、制度の利用をできるだけ抑制したがるのが行政のつねですから、障害者が地域で暮らすには、そこでも行政と粘り強くやり合う必要があります。誰でも無条件で介護保障が受けられるというわけではないのは、今も昔もあまり変わりがありません。

鹿野さんは、1日24時間の介助がなくては生きていけませんが、鹿野さんの住んでいた当時の札幌市《さっぽろし》の状況は、1日に換算すると、約9時間分に相当する介護保障が行われていました。また、生活保護を受給している人には、さらに約4時間分に相当する「特別介護料・他人介護加算（大臣承認）」が支給されることから、合計約13時間は、国や自治体からの助成で、介助者を雇い入れることができる計算になります。

ですから、残りの約11時間分は、自分でボランティアを確保して、無償で介助をしてもらわなくては生きていけないという状況でした。

こうした制度についての詳細はとても複雑ですから、のちの章も含めて、できるだけシンプルにざっくりとした説明を心がけたいと思いますが、今日では、以前に比べると介護保障制度が充実化に向かい、介助をほぼボランティアに頼ることなく、重度の障害者が地域で生活するための基盤が徐々に整いつつあります。

では、障害者とボランティアの関係について考えることは、まったく意味がなくなったのかといえば、そういうわけではありません。そこには、やはり「人と人が支え合う」ことの原点があったと私には思えてならないからです。

たとえば、支え合いの現場には、必ず歯の浮いたキレイゴトでは済まないような、人間どうしの摩擦や対立、葛藤などがつきものですが、ボランティアには「お金」が介在しない分、それらがむき出しになってあらわれるところがあります。

また、重度の障害者が地域で暮らすことの意味を、きわめて明確なかたちで教えてくれるところもあり、介助・介護をお金で買える時代になったからこそ、当時を振り返ってみることの意味は大きいと私は思っているのです。

◆私が鹿野さんと出会ったのは

当時、32歳だった私は、札幌ですでにフリーライターをしていました。

私は、名古屋で生まれ、大阪で育ちましたが、北海道の大学に進学するために札幌に移り住み、その大学を中退後、23歳のときライターの職に就きました。

もともとは、大学時代にキャンパス雑誌を編集していたのがきっかけでこの世界に入ったのですが、札幌は地方都市ですから、ライターが活躍できる場といえば、どこの地方都市にもあるような食や観光などの情報誌や、地元企業や自治体などが出しているPR誌や広報ツール（パンフレットなどの印刷物）の制作くらいのもので、私もそうした仕事を雑然とこなしながら、日々の生計を立てる〝その日暮らし〟のような生活をしていました。

そんなとき、たまたま以前から仕事で面識のあった北海道新聞（道内の代表的な地方新聞社）の出版部門に勤務する編集者から、鹿野さんとボランティアとの交流をテーマに本を書いてみないかと声をかけられたのです。

前にもいいましたが、私はこの本の取材を始めるまで、福祉とか介護にはまったく関心のない人間でした。また、ライターとして、そうした分野の記事を書いた経験もありませんでしたから、あまりに重くて深刻そうなテーマに思えて、最初はかなり腰が引けたというのが正直なところです。

ただ、今振り返ればですが、当時の私は30歳を過ぎて、自分はこのままライターとして生きていけるのだろうかという漠然とした不安を抱えていました。また、「いつか何かを、本気で書きたい」と思いながらも、「これだ」というテーマさえ見いだせないまま、いいかげん、自分の能力にも疑問を抱き始めていた時期でした。

フリーランスの仕事というのは、自由で気ままな仕事である半面、年齢とともに、その自由が〝底なし沼〟のような不安と背中合わせであることにも気づかされます。

何時に起きようが、何時に寝ようが、すべて自分が決めるという生活。基本的に組織のしがらみとは無縁だし、人から命令を受ける立場でもありません。自由といえば自由、しかし、不安といえばこれほどの不安もないような生活です。また、「人に迷惑をかけたくないし、かけられたくもない」という一匹狼《おおかみ》のような心情で生きていたといえば格好がいいのですが、その内実はといえば、寂しいものでした。

当時の私の胸中には、「こんな生き方は、どこか本物ではないな」という漠然とした不信感がありましたし、ひたすら自分の「個」に閉じこもって生きている私のような生き方というのは、じつはとても軽薄な生き方なんじゃないかという思いも、心のどこかに漂っていたように思います。

その一方で、鹿野さんという人は、1日24時間、つねに他人がそばにいないと生きていけないという境遇を生きています。また、「人に迷惑をかけたくないし、かけられたくない」などといっていては、1日たりとも生きていけません。いわば、私とはまったく対極の状況を生きている人のようにも思えました。

あまりに重くて深刻そうなテーマではありましたが、ただそういう世界には「何か」があるかもしれない、いや、あるに違いない、という予感というか甘い期待のようなものもありました。今思えば、かなり失礼で傲慢《ごうまん》な好奇心でもあったのですが、そんな出来心のような思いから、私は鹿野さんに会いに行ったのです。

◆「美談」からハミ出すもの

鹿野さんは、札幌市西区に当時あった「道営ケア付き住宅」と呼ばれる福祉住宅の一室に住んでいました。

私が会ったとき、すでに首の筋力も低下して、動くのは両手の指がほんの少しという状態。1日の大半をベッドの上で過ごしていました。のどには人工呼吸器から伸びる管が装着され、絶えず「シュウッ、シュウッ、シュウッ」という音が響いています。

それでも鹿野さんは、自分の体力の許す限り、大きな背もたれのついたリクライニング型の電動車いすで自ら街に出て、チラシをまいたり、福祉・看護系の大学や専門学校などで講演活動をするなどして、つねにボランティアを募集し、そのスケジュール調整を行わなくては生きていけません。それが鹿野さんが生きていくための「仕事」でした。

稼働中のボランティアは約40名いて、その7割くらいが学生（大学生や看護学校生など）、残りの3割が主婦・社会人でした。

実際、1日3～4人の介助者をつねに確保し、ローテーションを組んでいくというのは、それはそれは大変なことです。

とりわけ大学の試験期間中や休み期間中などは、ローテーションの穴がどうしても埋まらず、何時間も電話をかけどおしのことが少なくありません。

「もしもし、○日がどうしても埋まらないんだけど、介助に入ってくれないかな」

こうした電話を鹿野さんが何本もかけ続けます。

もちろん、鹿野さんは受話器も携帯電話も持てませんから、介助者が番号をプッシュして、鹿野さんの耳に押しあてます。


さて、こうやって書くと、いかにも「さまざまな苦難に負けず、けなげに頑張って生きる障害者」というような、おなじみの障害者イメージを思い浮かべがちですが、普段接している限りにおいて、鹿野さんはそういうイメージにはまったく収まりきらない人でした。

とにかく介助者に対して、「あれしろ、これしろ」と自分の欲求を容赦なく繰り出してくる人でしたし、「ジュース飲む！」「テレビ見る！」「メロン食べる！」「豚肉イヤだ〜きらーい！」などと欲望全開で、まるで世界が自分中心にまわっているかのような渦の中に、たちまち周囲の人を巻き込んでしまうようなキャラクターでした。

また、食べ物の好き嫌いは多いし、おしゃべりで人のうわさ話は大好きだし、自分の思いどおりにならないことがあるとカンシャクを起こして、周囲にやつ当たりをすることもしばしばでした。

そうした弱い面や子どもっぽい面なども、つき合っているうちに全部わかってきます。「まったく困った人だなあ」と思う半面、非常に憎めないところもあるチャーミングな人なのですが、そんな鹿野さんの姿を見ていると、つい「わがまま」という言葉が頭に浮かんできてしまいます。

しかし、障害者に対して「わがまま」などといえば、すぐどこかから「不適切発言」だとか、「障害者の気持ちを全然わかってない」などといわれかねないでしょうから、私は鹿野さんをいったいどんな言葉で表現すればいいのか、「この人をありのままに書いちゃっていいんだろうか」と本当に悩んでしまったものです。

一方、ボランティアに集まってくる若者たちもまた、世間一般では「善意に満ちあふれた献身的な若者たち」というイメージを思い浮かべがちですが、そんなイメージとはほど遠い、ごく普通の若者たちでした。

たとえば、『介助ノート』といって、鹿野さんとボランティアとの間で交わされる連絡ノートがあったのですが、それを読んでみると、よく遅刻をするボランティアがいたり、使った食器を洗わずに帰ってしまうボランティアがいたり、中には、どうにも頼りなくて、鹿野さんから「もう来なくていい!」と怒られるボランティアもいるなど、さまざまです。

「わざわざボランティアに来たのに、感謝されこそすれ、まさか怒られるなんて」

たとえば、山内太郎くんという学生ボランティアは、最初の頃、鹿野さんから、介助の仕方が乱暴すぎるといって叱《しか》られるたびに、そう思ったといいます。

しかし、介助を受ける鹿野さんの立場に立ってみれば、介助の良し悪しが日々の体調を左右し、ヘタすれば自分の命にまで関わるのですから、ボランティアといえども、いうべきことはしっかりいわねばならないのは当然のことです。

そんな具合に、ここでは「障害者」とか「ボランティア」といった一般的なイメージを大きくハミ出すような現象がいくらでも目にできましたし、さらには「感謝する—感謝される」「支える—支えられる」という両者の関係性も、往々にして逆転してしまうような不思議な場面がありました。

◆「できない」を「できる」に

中でも、私が不思議な感覚を抱いたのは、新しく入ったボランティアたちに介助の仕方を教える「新人ボランティア研修」でした。

学生ボランティアの何人かは、3月になると卒業・就職で抜けてしまいますから、4月になると新たにボランティアを募集しなくてはなりません。しかし、新人ボランティアたちは、当然のことながら介助なんてまったくできません。

では彼らに介助の仕方をイチから教えるのは誰かというと、鹿野さんです。鹿野さんが自分自身の体を〝教材〟にして、ボランティアに自分で「研修」を行うのです。そういうとき、鹿野さんは、新しくボランティアに入ってきた18～19歳の大学生や看護学校生たちをベッドのまわりにズラリと並ばせて、

「いいかい、キミたち。ぼくを介助するには、こういうところに気をつけなくてはならないよ」

とまさに先生のような口調で介助の仕方を教えます。また、介助のマニュアルをプリントしてホチキス留めした冊子があり、そこには痰の吸引の仕方や、人工呼吸器の知識、脈や血圧の測り方、緊急対応の知識などが書かれています。

私も、取材で鹿野さん宅を何度も訪れるようになって、彼らに混じって介助の仕方を学ぶようになったのですが、

「はい、ワタナベさん。ちょっと3ページのこの部分を読んで」

といわれて声を上げて朗読します。すると、鹿野さんが、

「はい、みんな、ここにアンダーラインを引いて。この箇所は重要！　つまり、呼吸器のア

ラームには、上限アラームと下限アラームの2種類のアラームがあって……」

という具合に、その場では、鹿野さんは介助を教える、まさに教師です。

当初、私の頭の中では、ボランティアが帰るときには、鹿野さんが、「今日は来てくれてありがとう」と彼らに感謝するような場面を想像していましたが、これは完全に逆でした。むしろ「研修」に来た学生たちが、鹿野さんに向かって、

「鹿野さん、今日はどうもありがとうございました」

と頭を下げて帰っていきます。そして、鹿野さんは「どういたしまして」という顔つきでうなずき返します。「感謝されるのは、むしろ私のほうだ」といいたげな鹿野さんの表情を見て、私はなんだか、頭がねじれるようなややこしさを感じたものです。

つまり、この場面では、鹿野さんは、何もできない「弱者」というよりは、新人ボランティアに介助を教える、教師という立場の「強者」です。それは、「できない」という立場を逆手にとって、みごと「できる」ということに転換してしまったかのような不思議な場面でもありました。

鹿野さんという人は、そうやって、つねに自分のもつ「マイナス」を、主体的に能動的に「プラス」に転換してしまうようなたくましさというか、もっというと、あつかましさのあ

る人でした。たとえば、私が取材して書こうとしていた本のことを、鹿野さんは「自伝」と呼んで、あれこれ口をはさんできます。

「どうですか、進んでいますか。ぼくの『自伝』は――」という具合に。

取材する立場としては、これほど「やりにくい」相手もいないのですが、半面、私は、これはおもしろいぞという思いも抱いていました。先ほど鹿野さんを「わがまま」といいましたが、じつは鹿野さんのわがままの底には、人間関係の本質を凝縮した、じつに深いテーマが潜《ひそ》んでいるのではないか、ということにだんだん気づき始めたからです。

◆重度障害者の「自立生活」とは

鹿野さんのように、重度の障害があっても、自分が住みたいところに住み、親やきょうだいではなく、他人からの介助（他人介護といいます）を受けながら、地域で暮らす生活スタイルのことを、重度障害者の「自立生活」といいます。

福祉や介護の分野では、よく「在宅（在宅生活）」という言葉を耳にすると思いますが、この言葉は、自宅で療養するという意味ですから、親元に住んで、親やきょうだいなどから介助（家族介護といいます）を受けながら暮らすケースも含まれてしまいます。

自立生活というのは、そうではなくて、肉親からの介助は受けずに、原則として他人からの介助を受けながら生活するスタイルのことを指します。在宅よりも、障害者の主体性をもっと鮮明に打ち出した生活スタイルといえるでしょう。

鹿野さんもまた、両親は札幌近郊の石狩市で暮らしていましたが、両親と一緒に住んで親に介助をしてもらうのではなく、札幌で多くの他人に支えられて暮らしていたのですから、まさに自立生活を実践していたことになります。

こうした自立生活は、じつは1970年代の日本に巻き起こった「障害者運動」と深い関係にあります。この時代、日本だけではなく、北欧諸国やアメリカなど世界中で障害者による社会変革運動が巻き起こりました。

なぜそうなったのかというと、それ以前の障害者には、生きる選択肢がたった二つしか用意されていなかったからです。一つは、親元で一生を過ごす生き方であり、もう一つは、障害者施設などに収容され、集団生活を強いられる生き方です。

しかし、親元にあっては、障害者たちは、つねに家族に負担をかけて申し訳ないという劣等感にさいなまれがちでしたし、施設にあっては、規則にしばられ、多人数が同じ部屋のカーテン1枚で仕切られた空間で、職員の顔色を見ながら暮らさなくてはなりません。

かつての障害者施設というのは、劣悪な環境の施設が多くあり、介護がラクだからという理由で頭髪を短く切られたり、入所者が同じ服を着せられるなど、人間として当然の権利や自由を制限された生活を強いられることが多々ありました。こうした施設における処遇は、時代とともに多少改善されはしましたが、やはり自分の人生を主体的に生きる自由がないという点では同じです。

障害をもって生まれたのは、別にその人の責任ではないのに、なぜ障害があるというだけで、「普通」に生きる機会を奪われなければならないのか——。彼らは、施設や親元に隔離されることでしか生きられない現実をこそ、まず「差別である」と提起し、それに代わる障害者の新しい生き方を模索し始めたのです。

「施設にいれば、何でもやってもらえるのに、どうしてわざわざ出てくるんだい?」

「親はどうした? 親に面倒をみてもらいなさい」

たえずそうしたことを行政や社会からいわれながらも、彼らは自らボランティアを募って、自立生活を実践し、そして、現在の公的介護保障制度や在宅支援のための地域ケアのシステムを、まさにゼロから交渉してつくり上げていくことになりました。

それは、他人の支援なしには地域で暮らせない人たち、つまり、一般には「自立できない」と考えられていた人たちによる「自立」への挑戦でした。

◆タバコを吸う障害者をどう考えるか

ところで、話はガラリと変わりますが、私が取材に訪れた当時、鹿野さんは人工呼吸器をつけているにもかかわらず、タバコを吸っていました。

当時は、今ほど「嫌煙権」や、受動喫煙の害がクローズアップされる時代ではありませんでしたが、それでも「障害者がタバコを吸うなんて」と、口には出さないまでも、そうした思いを抱く人は少なからずいたでしょうし、「わざわざ健康を害することをするなんて、いかがなものか」という考えも思い浮かぶかもしれません。

鹿野さんが最初にタバコを覚えたのは、1983年（昭和58年）、23歳のときに、それまでいた障害者施設を飛び出して、札幌市内のアパートで自立生活を始めた頃でした。その後、呼吸筋が低下して入退院を繰り返すようになった30代の頃は、一時タバコをやめていたそうですが、私が取材に訪れた頃には、再び喫煙が日常化していました。

もちろん、鹿野さんは、自分でタバコを手にとって持ち上げることはできませんから、鹿野さんが「タバコ吸う！」というたびに、介助者がタバコに火をつけ、鹿野さんの口元まで持っていく「タバコ介助」を行っていました。

もしあなたが介助者だったとしたら、障害者から「タバコを吸いたい」といわれたとき、どう対応するでしょうか。

本人が「吸いたい」というなら吸わせてあげる、と深く考えずに介助する人もいるでしょう し、「いや、タバコは体に悪いから吸うべきではない」と考える人もいるでしょう。

あるいは、「受動喫煙で、私の体に悪いから困る」という人もいるかもしれませんし、そもそも生活保護や障害年金、公的介護料など、社会の〝保護〟のもとで生きている(「生かされている」)障害者がタバコを吸うなんて、しかも他人を受動喫煙の害にさらすなんて、もってのほかだろうと、たとえば、生活保護費でパチンコをする人がよく批判のやり玉に挙げられるように、ほとんど激高に近い怒りを抱く人も近頃では多いのかもしれません。

いずれにせよ、「障害者の自立を支える介助とはどうあるべきなのか」をめぐって、さまざまに意見が分かれるところだと思います。

では実際、鹿野さんを介助していたボランティアたちはどうだったのでしょうか。

前にも登場しましたが、山内太郎くんという学生ボランティアがいました。山内くんは当時、北海道大学の教育学部に通う学生でしたが、初めて鹿野さんから「タバコ吸う!」といわれたときは、思わず「え?」と思ったそうです。

「人工呼吸器をつけている人がタバコを吸うなんて、明らかに〝害〟がありそうだし、いってみれば、自殺行為に近い。自分はボランティアをするために来ているのであって、自殺行為に手を貸すためにここに来ているのではない」

そう思った山内くんは、「やめたほうがいいんじゃないですか?」といいます。

しかし、鹿野さんは、簡単に引き下がるような人ではありませんから、

「いや、太郎。オレはね、ただでさえストレスが多いんだから吸わせろよ」

「でも、なんかそういうのはイヤなんですよね」

山内くんは、内心、「いっちゃっていいのかな」とドギマギしながらも、鹿野さんに対して、はっきり「イヤだ」と拒絶しました。

「てめえ、コノヤロー、吸わせろ!」

鹿野さんは、何だかんだカンシャクを起こしたものの、それでも「やだ!」と食い下がる山内くんに対し、「もうわかった。太郎には負けたよー」といいます。

◆もしあなたが介助者だったら

さて、ここには「介助」というものの難しさが、ある意味、凝縮していると思います。

たとえば、介助者が障害者の体のことを心配して、

「タバコは体に悪いから、やめたほうがいいですよ」

といってあげるのは、一見「やさしさ」や「思いやり」のようにも思えますが、果たしてそうなのでしょうか。

こうした考え方は、少し難しい言葉でいいかえると、「パターナリズム（家父長主義、父権主義）」と呼ばれる考え方の典型で、つまり、強い立場にある人が、弱い立場にある人に対し、「よかれ」と思って、本人に代わって意思決定を行う支配パターンの一つといえます。

まさに鹿野さんが20代の頃、飛び出した障害者施設がそうであったように、保護者的で管理的な介護観に基づいた考え方です。

しかし、自立生活をする障害者にとっては、そもそも施設を出て、地域で暮らすという選択をしたこと自体が、喫煙のリスクどころではない、命がけの挑戦です。そのため、いかにも「あなたのことを思って」という、障害者への「やさしさ」や「思いやり」を装《よそお》った主体性への侵犯にこそ、最も抵抗しなくてはならないと思うでしょう。

また、「障害者がタバコを吸うなんて」とか、「人のお世話になっておきながら生意気だ」「自分で働いて得たお金で吸うならまだしも」と思う人もいるかもしれませんが、そうした考え方には、「人としての義務を果たせない障害者は、分相応におとなしくふるまっていなければ、福祉という温情をかけてもらえない」という旧態依然とした福祉観が根づいています。

こうした考え方を「あわれみの福祉観」と呼んだりしますが、これは果たして正しいのでしょうか。

もともと障害者に生まれついたのは、なにもその人の責任というわけではありません。にもかかわらず、障害があるというだけで、「普通の生活」をおくる機会を奪われたり、周囲に頭を下げ続けて生きていかなくてはならないのでしょうか。また、誰しも人のお世話にはなりたくないし、自分の稼いだお金で、自分の好きなように生きたいという思いがあるものですが、障害者の場合、そうしたくても、そうするための雇用の場や働く機会そのものを奪われている、という面が多分にあります。

とはいっても、言い訳できない側面もあるでしょう。たとえば、受動喫煙の害を他人におよぼすことに対しては、障害者だろうが健常者だろうが、反論の余地などないかもしれません。しかし、ときに人間がそれとわかっていながら求める有害なもの、危険なもの、あるいは、障害者にも悪徳を犯す自由や権利が、もしあると考えるのならば、「自立を支える介助とは何なのか?」という問題はますます複雑になってしまいます。

では、介助者は、黙って何でも障害者のいうとおりに従うのが正しいのでしょうか。

もちろん、そんなことはないはずです。介助者は「召使い」ではありませんし、障害者の主張は何でも正しくて、何でも無条件に認められていいはずはありません。

結局、どうすればいいのかというと、そもそも「正解」や「教科書」などないことを前提に、お互いの立場や考え方を率直に話し合うのが一番です。それが最も妥当な解決法であり、そもそもコミュニケーションというのは、そのためにこそあるはずです。

ちなみに、山内太郎くんはというと、最初こそタバコ介助に抵抗を示したものの、こうした衝突や対話を積み重ねるうちに、鹿野さんの自立生活への思いを理解するようになり、「まあ、結局、鹿野さんの人生なんだから、タバコを吸おうが吸うまいが、それを介助者がサポートするのは当然だ」

という思いに変化したといいます。

また、その一方で、鹿野さんの側はどうだったのかというと、タバコを吸わせてくれなかった山内くんを〝ダメな介助者〟と判断したのではなく、むしろ、「太郎はなかなか骨のあるボランティアだ」と感じたというのですから、人間関係というのは不思議です。

結局、山内くんは、大学院に進んだのちも、週1回のボランティアを続け、鹿野さんが亡くなるまで、計6年間にわたって最も信頼の厚いボランティアの一人であり続けました。

現在、山内くんは、札幌市内の私立大学で、社会福祉論や障害福祉学を専攻する大学教員として活躍しています。

山内くん自身、あとで振り返ったとき、タバコをきっかけに鹿野さんと衝突した体験というのが、とても重要だったといっています。もし、何でも鹿野さんのいうことに従う〝イエスマン〟だったとしたら、ボランティアは長続きせず、したがって、障害とか福祉について深く考えることにもつながらなかったのではないかと。

当時は、今ほどタバコの害がクローズアップされる時代ではなかったといいましたが、それでも、マスクをしてタバコ介助をする女性ボランティアは何人かいましたし、あるいは、不満を口にすることもなく、やめてしまったボランティアもいたことでしょう。

タバコ介助をどう考えるかは、人それぞれですが、しかし、心に思ったことを相手に伝えるか伝えないかは重要な違いだと私は考えています。

◆本のタイトルとなった〝バナナ事件〟

「タバコ介助」の問題がそうであったように、鹿野さんとボランティアの間には、ぶつかり合いのエピソードが絶えませんでした。

本のタイトルともなった〝バナナ事件〟もその一つです。

これは、北海道大学農学部の大学院に通いながら、週1回の泊まり介助に来ていた国吉智宏《くによしともひろ》さんというボランティアが語ってくれたエピソードです。

国吉さんがボランティアをしていた当時、泊まり介助は、夕方6時から翌朝10時か11時までを一人で担当するというロングランでした。そのため、鹿野さんが眠りについたあと、ボランティアも仮眠をとるわけですが、鹿野さんは慢性的な不眠症を抱えていて、夜になってもなかなか寝つけない人でした。

というのも、鹿野さんは若い頃から、「眠りに落ちると、二度と再び目が覚めないのではないか」という強い不安を抱くようになったそうで、夜、睡眠導入剤を飲んで、いったんは眠ろうとするのですが、たいてい眠れなくてテレビをつけたり、そうこうしているうちに、お腹が減ってきて、「あれ食べる、これ食べる」ということになります。

もっとも、これには筋ジス特有の事情もあります。通常、人は無意識のうちに寝返りを打っていますが、筋力低下が進行すると、寝返りも打てなくなってしまいます。寝返りが打てないと、体の一部が圧迫されて、しびれを感じて目を覚ましたり、まるで鉄板の上に寝ているかのような激痛が走ることもあるそうです。鹿野さんは、そのたびに介助者を起こして体位変換（体の向きや姿勢を変える介助）を頼むわけですが、鹿野さんにとって、眠ることは、そうした体の痛みとの格闘でもあるのです。

その日の夜も、国吉さんは、仮眠していたところを鹿野さんに起こされます。何かと思ったら、「国ちゃん、腹減ったからバナナ食う」と鹿野さんがいいます。

健常者であれば、バナナが食べたければ、いくらでも自分で皮をむいて食べればいいわけですが、鹿野さんはそれができませんから、それをサポートするためにボランティアに来ているのだということは、当然、頭ではわかっています。

しかし、理性ではわかっていながらも、国吉さんは内心ムカッとしました。

「こんな真夜中にバナナかよ」と思いながら、無言でバナナの皮をむいて鹿野さんに食べさせます。2人の間には、ただならぬ緊張感が漂っていました。

そして、ようやく食べ終えて、さあ、もういいだろう、寝かせてくれ。そう思って再びベッドにもぐり込もうとする国吉さんに向かって鹿野さんがいいます。

「国ちゃん、もう1本!」

なにィー! という驚きとともに、そこで怒りが急にクールダウンしたといいます。そして、「そこまで人に容赦なく、ものを頼める鹿野さんってスゴイなあー」と逆に尊敬の念が湧《わ》いてきたそうです。

私にも似たような経験がありました。鹿野さんから介助の仕方をひと通り教わると、たびたび鹿野さんから電話があって、「この日の『泊まり』がどうしても埋まらないから来てくれないか」といわれ、ピンチヒッターで月に1~2回の介助を頼まれるようになりました。そうやって、いつしか私も、取材者でありながら鹿野さんのボランティアでもあるという立場に巻き込まれていったのです。

で、私の場合は、「バナナ」ではなく、「そうめん」でした。

あるとき、夜中に「腹が減ったから、そうめん食べる」といわれ、鹿野さんの指示どおり、めんをゆでて、冷蔵庫にあった濃縮タイプのめんつゆを、水で薄めて持っていきました。すると、そのめんつゆが「濃すぎる」とか「薄すぎる」とかで、2度3度とやり直しをさせられます。そして、「ワタナベさんは、まだまだオレの好みの味をわかっとらんなー」といわれたときには、私もやはりカチンときて、ああ、みんなこういう思いをしているのだなと思ったものです。

とにかく鹿野さんは、人にものを頼むとき、遠慮というものがありません。自分が納得するまで、執拗《しつよう》に要求を繰り出してきますから、「なんてわがままな人なんだ」と口に出すかどうかは別にして、内心ではつい思ってしまいます。

しかし、その一方で、そうやって人にものを頼むのを臆《おく》さない鹿野さんに、畏怖《いふ》のような感情も湧いてきますし、鹿野さんの身になってみれば、これは当然のことではないか、とつき合ううちにだんだん考え始めるようになります。

というのも、健常者であれば、自分の手足でいくらでも欲求を充足できるわけですが、鹿野さんの場合はそういうわけにはいきません。介助者に対して、「そうではない。もっとこうしてほしい」とはっきり口にすることなしには、自分の主体的な人生を生きることなどできません。

もともと施設や病院にいた時代は、まわりがしてくれることを黙って受け入れざるをえない生き方を強いられてきたはずで、それがイヤで地域に飛び出した以上、そこが自立生活をする障害者にとっての生命線でもあります。

「振り返って本当によかったと思うことは、ここでボランティア体験をできたことだと思います。この2年がなかったら、僕は今よりももっと弱い、人の気持ちを考えない自分勝手な人間だったでしょう」

国吉さんは大学院修了後、NHKに就職し、現在も報道記者・デスクとして活躍していますが、当時の『介助ノート』にそんな言葉を残しています。多くのボランティアにとって、鹿野さんと向き合うことは、何より「自分自身が試される場」であり、普段は寛大で心の広い人間のフリをしている自分が、じつは全然そうではないことを突きつけられる場でもありました。

しかし、その一方で、鹿野さんとの関係を粘り強く築くことができず、すぐに衝突してやめてしまうボランティアもあとを絶ちませんでした。

◆「アダルトビデオ」から介助を考える

もう一つ重要なエピソードを挙げるとすると、深夜に「アダルトビデオを借りてきて」といわれることもありました。これもまた、みなさんが介助者だったとしたら、どう考え、どう対応するでしょうか。

もともと私は、この取材を始めるまで、「障害者の性」という問題についても、まったく考えたことがありませんでした。いざ取材を始める段になっても、「鹿野さんに性欲というものはあるんだろうか」「あるとしたらどうしているんだろうか」というのは、考えてはいけないことのように思っていました。

ところが、鹿野さんとつき合っていくうちに、だんだん、そちらのほうも自分とまったく変わりないことがわかってきます。当時は、今ほどDVDやインターネットのアダルトサイトがさかんな時代ではありませんでしたが、鹿野さんの本棚の一角には、その手のビデオテープ(VHS)のコーナーが設けられていることも知りました。

「手は動くんですか?」

あるとき、鹿野さんにそうたずねると、

「それくらいは動きます」

と少し得意気にいいます。確かに、腕を大きく動かすほどの筋力はなかったのですが、両手にはまだ少し握力が残っていて、普段は右手に介助者を呼ぶためのブザーを、左手にはベッドのリクライニングを操作するコントローラーを握りしめて、自分で操作していました。ですから、私がしているのと同じように、鹿野さんも自分でマスターベーションすることくらいは可能だったのです。

ではどうやって「ビデオ介助」をしていたのかというと、その方法はいたって簡単で、まず介助者が、デッキにビデオをセットし、鹿野さんのズボンとパンツを脱がせます。そして、手にティッシュを何枚か握らせて、股間《こかん》の位置に手を置き、あとは呼ばれるまで居間に待機しているというものでした。

それでも、誰に介助を頼むかは鹿野さんにとって大問題で、それを許容してくれる介助者を育てるため、日頃から「自分もそういうことをするんだよ。フツウの男と一緒で……」とそれらしいことをチラチラほのめかしては、相手がどう反応するかによって、その許容度を測るという涙ぐましい努力をしていました。

よく鹿野さんは私に、「オレは、ボランティアとつき合うようになって、つくづく人を見る目がきたえられたわー」と語っていましたが、「人を見る目」には当然、こうしたことも含まれます。

もしそれを見誤れば、ボランティアが来なくなったり、あるいは、女性ボランティアの間で〝セクハラ〟めいたうわさでも広がろうものなら、それこそ死活問題です。ボランティア一人ひとりの許容度をリアルに見定めながら、自分の欲求実現のための人間関係を築く。それはすなわち、鹿野さんにとっての「サバイバル」でもあります。

「障害者って、どこか神聖化したイメージがあって、最初はそういうことがあるとは考えもしなかったですね。でも、考えてみれば、そうだよな、あるよなって思いました」

鹿野さんが、最も気軽に「ビデオ介助」を頼んでいたボランティアの一人だった山内太郎くんが、そんなことをいっていました。

たとえば、「障害者も健常者も同じ人間だ」といういい方をよくしますが、「同じ」というのであれば、そうしたレベルもまったく同じはずで、健常者に起こることは、すべて障害者にも起こるということを、まず私たちは知る必要があります。

また、こうした介助を担っていたのは、男性ボランティアが中心でしたが、信頼の厚い女性ボランティアの中には、まったく抵抗なく引き受けていた人もいました。

「イヤとかは全然思わなかった。どちらかというと、信頼された喜びのほうが大きかった。あとは興味津々《しんしん》というか。ギャハハそんなことするんだ、とか思って（笑）。古い子たちは、何だかんだいって、みんな知ってると思いますよ。今の女の子って、それくらいじゃ、別に驚かないんじゃないかな」

ビデオ介助を行っていた女性ボランティアの一人はそういっていました。

さらにいうと、当初は自分の手で、どうにかマスターベーションができていた鹿野さんですが、私が取材する2年4カ月の間に、筋力低下はさらに進み、最終的には自分ですることができなくなってしまいます。しかし、そうなって以後は、別の女性介助者が「マスターベーション介助」を担うようになります。

こうした「障害者の性」の問題は、デリケートな部分をたくさん含みますし、個人差も大きい問題ですから、一概に「こうすべき」ということはいえませんが、とりあえず、鹿野さんに関していえば、こうした事実がごく当たり前の日常風景となっていました。

また、それで何か問題が起きるということもありませんでしたから、あらためて鹿野さんの「人を見る目」の確かさと、彼が日々築き上げた人間関係の分厚さ、その柔軟性に感じ入ってしまいます。

◆なぜボランティアをするのか

さて、ここからは鹿野さんではなく、健常者であるボランティアたちに焦点を当てて考えてみたいと思います。

じつは、私がこの取材に取り組んでみようと思ったもう一つのきっかけが、ボランティアに対する興味からでした。鹿野さんのところに来ているボランティアの約7割は学生で、残りの約3割が主婦・社会人と前にもいいましたが、そもそも彼らは、なぜボランティアなどということをしているのだろうか、という素朴な疑問を抱いていたからです。

「なぜボランティアを始めたのですか?」

「なぜボランティアを続けているのですか?」

そんな質問を、何十人ものボランティアにしていきました。

すると、たいていは「大学に貼られていた募集のチラシを見て」とか、「友人や知人の紹介で」とか、あるいは、「ヒマな時間を生かしたかったから」など、わりとすんなりその理由を答えてくれます。しかし、私が聞きたいのは、そんな表面的な理由ではありません。

そこで、「なぜそのチラシが目に留まったのか」「なぜヒマだとボランティアをすることになるのか」という具合に、質問をどんどん掘り下げていくと、だんだん本人も明確に言葉にしたことのなかったもう一つの理由、つまり、それこそが「本当の理由」ではないか、と思いたくなるような各人各様の事情が浮かび上がってきます。

たとえば、こういう学生ボランティアがいました。

1年浪人をして苦労して大学に入ってみたものの、大学の授業はさっぱりおもしろくないし、自分はどうして大学になんて入ったんだろう、そもそも自分の生きる意味とはいったい何だろう、というようなモヤモヤした問いを抱え込んでしまっている学生でした。で、そんなときに、たまたま大学の掲示板に貼られていた「ボランティア募集」のチラシを見て、「これだ！」と思ってやって来るわけです。

彼などは、非常にわかりやすい例なのですが、鹿野さんのところでボランティアをすることで、人の役に立っている自分を確認し、自らの「生きる意味」を得ているのではないか、と思いたくなる側面があります。こうした人間の欲求のことを、「承認欲求」という言葉でいいあらわしたりしますが、ボランティアや人助けをする人は、それによって自分の承認欲求や存在意義を埋め合わせている側面が少なからずあるものです。

あるいは、3児の母で専業主婦だったボランティアの女性も、質問を重ねていくうちに、「じつは……」という話になりました。

彼女がいうには、子どもが大きくなって、すでに子育てがひと段落ついたものの、ここ数年間、夫との関係が非常に冷え切っていて、「夫にとって自分って何だろうか？」とか、「私の人生はこれでよかったんだろうか？」という漠然とした問いを抱え込んでいました。この女性の場合は、ボランティアに来るたびに、「鹿野さん、聞いてくださいよ。ゆうべ、うちのダンナからまたこんなヒドイことといわれちゃって」

とあれこれ身の上話を相談し、逆に鹿野さんから「それは大変でしたねえ」とか、「もっと前向きに生きましょうよ。人生は一度きりじゃないですか！」などと励まされながら涙を流す場面もあったといいます。

ボランティアと札幌の地下街を行く　©高橋雅之

つまり、そこでの鹿野さんとボランティアの関係とは、まさに「支える側」と「支えられる側」が逆転した関係です。いってみれば、鹿野さんのほうが、ボランティアを支えているボランティアなのではないか、と思いたくなる局面が多々あるのです。

例の〝バナナ事件〟の国吉智宏さんは、ボランティア時代に、鹿野さんが支援者向けに発行していた会報にこんなことを書いています。

「(ぼくが)鹿野さんの所に来るようになったのも、それまでの生き方に満たされないものを感じていて、何かを求めていたからなのだと思う。ここにやってくる人たちは、多かれ少なかれみんなそうだ。何かを求めている」

山内太郎くんにしても、学生時代にサークル活動やアルバイト、マージャンにハマって留年をする日々の中で、ふと「オレ、なにやってんだろうな」と思ってボランティアを志願したといっていました。「とにかくこのままではヤバイかなと思って……。それに、ボランティアって、なんか〝正しい道〟ってイメージがあるじゃないですか」

確かに、ボランティアにはそんなイメージがあります。堕落《だらく》した日々から自分を「正しい道」に引き戻してくれるのではないか、というようなイメージ。

私にしても、前述したように、ライターとしての将来に漠然とした不安を抱えていて、それまで経験のなかった障害者の世界を取材してみようかと思い始めたところがありました。その意味では、国吉さんがいうように、「何か」を求めていたわけです。

すべての人がそうだというわけではありませんし、また、それが見えやすい人、見えにくい人などさまざまですが、ともあれ、多くの人がそうやって「何か」を求めてボランティアに集まってくるのだとしたら、鹿野さんは私たちに〝障害者としての身体〟を差し出して、私たちが「求めるもの」や「人助けの場」を提供してくれていることになります。

そうなると、いったいどちらが支える側で、どちらが支えられる側なのか、本当によくわからなくなりますし、もっといえば、健常者は、深い部分では、障害者という存在を必要としているのではないか、と思いたくなる面があります。

◆どちらが障害者でどちらが健常者？

中には、ボランティアをすることや、人助けをすることに依存しているのではないか、と思いたくなるような人もいます。要するに、人の役に立つことをしていないと、自分の存在意義がわからず、自分が維持できなくなってしまうような人たちです。

これはあまり口にされないことですが、じつはボランティアだけではなく、福祉や医療の現場を取材していると、見るからに心を病んだ人や、生活上の困難を抱えた人、あるいは、前述の「承認欲求」が強すぎる人など、どう考えても仕事の務まりそうにない人が、応募者や志願者の中に含まれていることがあります。

これはいったいどういうことなのでしょうか。

鹿野さんを支えていた重要なメンバーの中に、荒川麻弥子《まやこ》さんという当時40代だった社会人ボランティアがいました。荒川さんは2児の母ですが、在宅介護支援センターで働くプロのホームヘルパーであり、仕事のかたわら週1回のボランティアに来ていました。

その荒川さんが、あるとき、福祉の勉強会で話題になったという、こんな言葉を私に教えてくれました。

「一人の不幸な人間は、もう一人の不幸な人間を見つけて幸せになる」

という言葉です。

荒川さんはいいます。「私も考えてみれば、仕事や家庭に何の不満もなくて、それだけで満たされていたとしたら、果たしてここでボランティアしてただろうかって思い悩んだことがあって……」

私は、ううーんと考え込んでしまいました。確かに、自分より「不幸」な人を見て安心したい、さらに助けの手を差しのべることで、自分の不遇感を埋め合わせたいという心理は、障害者と健常者の関係に限らず、多くの人間関係一般にありがちな心理です。

とはいえ、ボランティアを取材していくと、単にボランティアをしているから、「エライですね」とか「やさしい人なんですね」では済まない、そこからハミ出す要素が見えてくることがしばしばあります。また、その意味では、どちらが障害者で、どちらが健常者なのかわからなくなりますし、どちらが「支える側」で、どちらが「支えられる側」なのか、一元的には決められず、ときに逆転しうる関係なのだということにも気づきます。

もっとも、「人の役に立つこと」や「人助けをすること」で、自分の承認欲求や存在意義を充足させるのが、一概に悪いというわけではありません。

どんな人でも、多かれ少なかれ、誰かを支えたり、誰かの役に立っているという実感なしには生きていけないところがあります。それは、ボランティアに限らず、多くの人が「職業」というかたちで、誰かの役に立ち、社会に貢献し、そこから生きがいや収入を得て生活していることを考えてみてもわかることです。

たとえば、仕事に行き詰まったり、何か大きな失敗をするなどして、まわりの同僚や上司からの信頼を失ったりすると、とたんに人は生きる気力をなくし、満足に、ものを食べられなくなったり、眠ることもできなくなってしまったりします。その意味では、人間にとって、承認欲求（自己肯定感）というのが、食欲や睡眠欲といった生理的欲求と同じくらい、生きていく上で大切な欲求といえる面があります。それが満たされないと、場合によっては、自ら命を絶ってしまうことさえあるのですから、いかにまわりの人から頼られたり、自分が誰かを支え、人の役に立っている存在なのだと実感できることが、生きていく上で大切な要素なのかがわかります。

人は誰かを「支える」ことによって、逆に「支えられている」のです。

だからこそ、自分がいったい何から生きがいや承認欲求を得ているのかを、ある程度は自覚し、それを客観視する視点をもっておくのは大切なことでしょう。

また、こうもいえるでしょう。世の中や社会というのは、「支えられる人」ばかりだと成り立ちませんが、逆に「支える人」ばかりでも成り立ちません。

たとえば、医者というのも、患者がいて初めて成り立つ職業です。世の中から病気がなくなったとしたら、医者という存在もまた意味を失ってしまいます。

医者は、「治してほしい」「なんとかしてほしい」と頼ってくれる患者がいてこその存在なのですが、普段はそのことをすっかり忘れ、「どうして次から次に、こうも患者が押し寄せてくるんだ」などと思ってしまいがちです。しかし、出発点に立ち戻れば、患者が、自分を医者にしてくれているのです。

これは世の中のありとあらゆる職業にいえることです。

そもそも職業とは、自分を求めてくれる人がいなくては成り立ちませんし、ある側面では、人から求められるモノやサービスを提供して生きている人でも、別の側面では、別の誰かにモノやサービスを提供してもらいながら、日々の生活を営んでいます。自分一人で、生活上必要なモノやサービスをすべて生産できる人など、まずいないでしょう。

社会や経済というものは、そうした「求める人」と「求められる人」、「支える人」と「支えられる人」の網の目によってできています。その意味では、「持ちつ持たれつ」が社会の基本原理なのですが、「お金」というものが介在しているために、普段はそのことをすっかり忘れてしまっています。

つまり、自分のお金で買ったものは、自分の力で手に入れたものだと、つい勘違いしてしまいがちなのですが、それを提供してくれる人がいて、それを求める自分がいて、そうした「支える人」と「支えられる人」の双方がいてこそ、初めて社会や経済というものが成立し、自分の日々の生活も営めているのだということを思い起こすのは大切なことなのです。

ボランティアは、仕事ではありませんし、お金も介在しない分、こうした普段は見えにくかったり、忘れがちであったりする人間関係の本質や、社会の基本原理を非常にシンプルに見えやすくしてくれるところがあります。

◆自立生活は何をもたらしたのか

現代社会を生きるのが大変なのは、なにも障害者だけではありません。健常者だってそれぞれに困難や生きづらさを抱え、大変な日常を生きています。

鹿野さん自身、たびたび『介助ノート』にこんなことを書いています。

「健常者は、進路、就職など、私たち障害者より選べることで、逆に迷いや苦しみにつながっているかもしれない。4月に就職した方々から、何人か連絡や訪問がありましたが、本当に大変そうです。めげないでがんばってね」

鹿野さんは、自立生活をするようになって初めて、「健常者にも悩みがあるんだな」というごく当たり前の事実を知るようになったといいます。施設にいる時代には、「健常者はいいよなあ。何でもできて」と障害者どうしで、よくうらやましがっていたそうです。

ところが、自立生活で多くの健常者とつき合うようになって、認識は完全にあらたまりました。要するに、重い障害があるからといって、人生が不幸一色ではないのは当然のことですが、逆に健常者だからといって、人生は幸福一色というわけでもありません。こうした当たり前の事実に、障害者自身が気づき、それを肌身で実感するというのはとても大切なことです。

というのは、どうしても障害があると、「自分は社会のお荷物ではないか」「自分は人に迷惑をかけるだけの存在ではないか」という〝負のアイデンティティ（自分の存在価値を否定するような意識）〟を背負い込みがちです。

ところが、障害のある鹿野さんが一歩、施設や病院を飛び出し、自立生活を始めたとたん、様相は一変します。前述したように、重度の障害者が、単に「支えられる」だけの存在ではなく、多くのボランティアや介助者を「支える」側にまわったり、その進路や生き方にも大きな影響を与えることもあります。

鹿野さんのボランティアをしていた人の中には、鹿野さんの影響を受けて、福祉や医療、教育の現場で活躍している人がたくさんいますし、ボランティアをきっかけに、医学部に入り直して、今は医師として活躍している人が、私が取材で知った範囲内でも3人います。

また、そういった目に見えやすい影響だけでなく、福祉にまったく無縁だった若者たちに介助の仕方を教え、障害者の現状を伝えたという意味での教育的効果もはかり知れません。

私などは、その最たる例で、こうしてものを書いたり、人前で話をしたりするときの根底には、つねに鹿野さんと過ごした2年4カ月の日々があります。

どれもこれも、「自立生活」がもたらしてくれた関係性であり、影響力でした。

もし鹿野さんが施設や病院にいたり、親元で両親に介助を受けているだけの存在だったとしたら、鹿野さんはただ「世話されるだけ」の存在に終わったかもしれません。

しかし、施設や親元を出て、他人の介助（他人介護）を受けて生きていくことを決意したときから、鹿野さんの障害は、「障害」以上の意味をもつことになりました。

鹿野さんが果たした役割というのは、現在の経済システムにおいては、「労働」とは位置づけられないものですが、一般的な意味で「働く」ことが難しい重度障害者の「社会的役割」や「生きがい」とは何なのか、を考える上でも重要な実践だと思います。

たとえば、教師を職業にしている健常者と比較しても、鹿野さんほど多くの若い人たちに影響を与えた教師がどれくらいいるだろうかと考えると、今ある社会の枠組みや福祉制度のあり方が、今のままで正しいのだろうか、という深い思索をもたらします。

自らの障害を、他人や社会に向かって押し開いていくのは、大変な試みであることは間違いありませんが、そうしようと努力する過程において、障害は単なる「障害」ではなくなる可能性を秘めていることも確かなのです。

◆わがままな障害者が遺したもの

鹿野さんの「死」は突然のように訪れました。

2002年（平成14年）8月12日、不整脈のため意識不明に陥り、救急搬送された市立札幌病院の救命救急センターで世を去りました。42歳でした。

翌日から行われた通夜と葬儀には、200人以上の元ボランティアたちが集まり、とても感動的なお葬式となりました。

鹿野さんは1日24時間、つねに他人と生き、他人との摩擦を恐れない人でした。

会場に集まって、悲しそうに涙を流している一人ひとりのボランティアと、鹿野さんは、「タバコ」だの「バナナ」だの「アダルトビデオ」だのと、さまざまなドラマを繰り広げ、そして、「1対1」の真剣な関係を築いてきたのだと思うと、とてつもないことを成し遂げたのだなという思いを強く抱きました。

当然のことながら、私自身が死んだときどうだろうか、と考えざるをえませんでした。

もし自分が死んだら、果たして何人の人が葬式に駆けつけ、涙を流してくれるのだろうと考えたとき、「100人以上の人が泣いてくれる」と自信を持っていえる人は、なかなかいないと思います。おそらく自分の肉親も含めて、10人も泣いてくれないというのが、実際のところではないでしょうか。

鹿野さんの死後、私も編集委員の一人となって、鹿野さんの追悼文集をボランティアたち有志の手でつくりました。『鹿野靖明追悼文集　鹿ボラマガジン』という150ページほどのA4版の冊子です。

この中に、片桐眞《かたぎりまこと》さんという社会人ボランティアが、「ぶざまで、かっこよかった」というタイトルの追悼文を寄せています。片桐さんは、団体職員という仕事のかたわら、2週に1回の泊まり介助を6年間にわたって続けた人で、最も信頼の厚いボランティアの一人でした。片桐さんは、鹿野さんのことをこう書いています。

別に立派な人だったとは思わない。むしろダメなところが目立つ人だった。

重い障害があるのにがんばっている、ということで評価を甘くしたくない、という思いもある。迫りくる衰弱や痛み、奪われる自由と軽んじられる人権、ということを健常者は知る必要があるとは思う。でも健常者も辛《つら》いわけでね。しかも差別や軽視にさらされていながら、あるいはいろいろな困難に直面しているのに、誰からも、援助も支援も、共感もしてもらえない健常者もたくさんいる。これは辛いでしょ。

それに比べて鹿野さんは、人一倍の困難には直面したけれど、多くの人たちに心配され、共感され、応援された。それは幸せの一つのかたちのようにも見えた。

ダメなのに多くの人に囲まれたのはなぜか。一般化はできないのだろうが、私が彼の元を離れなかったのは、欠点も弱さも隠さず、ずるかったり、繕《つくろ》ったり、人にあたったり、自分を実態以上に大きく見せようとしたり、そんな誰もが持っていながら誰もが隠したがる面を、彼は全てさらして、丸裸で生きていたからだ。本人としてはさらすつもりはないのにバレバレ、ということもあるが、まぁ、それも含めてだ。

丸裸の彼は、丸裸の魅力、などと表現できるようなしろものではなく、たびたび、むしろぶざまとさえ言えた。彼が持っていたのは、美しく強く生きる魅力ではなく、ぶざまだがエネルギッシュに生きているという迫力だった。それをすごいと思った。痰がたまったときに鳴る人工呼吸器の「ピー！」という警報音は、鹿野というヤカンの笛が、彼自身のエネルギーの沸騰を知らせているかのようだった。

丸裸の鹿野靖明はぶざまだった。しかし、それが、かっこよかった。（抜粋）

私は、今でもこの片桐さんの文章を目にするたびに、つい目頭が熱くなって、ほとばしる思いをこらえきれなくなってしまうところがあります。

鹿野さんの生き方というのは、一般的な意味でのカッコよさやスマートさとは、ほど遠い生き方でしたし、どちらかというと、人に〝迷惑かけっぱなし〟の生き方でした。

しかし、「人に迷惑をかけたくないし、かけられたくもない」というそれまでの私の考え方を根底から揺さぶるような生き方であり、むしろ、「人に迷惑をかけること」の積極的な意義を問い直してくれるような生き方でもありました。

「美しく強く生きる魅力ではなく、ぶざまだがエネルギッシュに生きているという迫力」と片桐さんは書いていますが、まさにそうだったと痛感します。

そして、そんな鹿野さんの生き方に、まわりのみんなも、どこか辟易《へきえき》しながらも圧倒され、ああ、人が生きるとは、まさにこういうことだよな、と深く納得させられるところが鹿野さんの生涯にはあったのだと思います。

誰しも齢《とし》をとり、やがては「高齢者」か「障害者」か「末期患者」として、介護や看護を受けながら死んでいきます。人の死亡率は、いうまでもなく100％です。

そんな中、誰もが鹿野さんのようには生きられないのかもしれませんが、鹿野さんの成し遂げたことの意味は、誰にとっても考えるに値する深いテーマだと私は思っています。

第3章

「障害者が生きやすい社会」は誰のトクか？

Ⓒ疾走プロダクション（横塚晃一『母よ！殺すな』生活書院より転載）

◆「あわれみの福祉観」ではなく

これまで見てきた鹿野《しかの》さんと介助者との関係を踏まえながら、ここからは、より広い視野で、福祉とか介助・介護という問題について考えていきたいと思います。

ところで、障害者と健常者が「ともに生きる社会」とか、「共生社会」というものをイメージするとき、障害者や健常者がお互いに助け合って生きる、思いやりにあふれた〝やさしい社会〟を思い浮かべるのではないでしょうか。

しかし、実際はどうかといえば、鹿野さんとボランティアたちとの例で見てきたように、最終的にはそこに行き着くこともあるにせよ、前段階としては、確実に面倒くさいことが増え、摩擦や衝突、葛藤といったストレス的な要素がむしろ増える〝混沌《こんとん》とした社会〟をイメージしたほうがいいのではないか、と私は考えています。

なぜなら、障害者と健常者がともに生きる社会とは、〝異文化〟どうしのぶつかり合いという側面が必ずあるからです。

たとえば、よくいわれる「障害者も健常者も同じ人間だ」という言葉は、もちろん疑いえない大原則なのですが、それと同時に、健常者と障害者とでは、背負っている生の条件が明らかに異なります。また、ひと口に「障害者」といっても、鹿野さんのように1日24時間、他人の介助なしには生きていけない人もいれば、手は自由に動くけれども歩けないという人や、目が見えない人、耳が聞こえない人、あるいは、知的障害や精神疾患のある人など、さまざまなタイプの障害があり、また大きな個人差もあります。

ですから、障害者と健常者が〝同じ人間〟であることは間違いないのですが、もっと〝違う人間〟という側面を積極的に認識し合いながら、その違う者どうしが「ともに生きる」ことで何が生まれるのかを、ごまかさずに考えていくことが大切ではないかと思います。また、本来〝同じ人間〟であるはずの障害者と健常者が、〝違う人間〟として分け隔てられてしまっているのはなぜなのか、を根底から問うてみることです。

これは往々にしていえることですが、私たちの社会は、「かわいそうな障害者」や「分相応で控えめな弱者」に対しては、とてもやさしい面（温情）があるのですが、社会に対して毅然《きぜん》と主張してくる障害者や、弱者の枠をハミ出すような側面がかいま見えたとたん、平然と冷たくなる特質があります。こうした「あわれみの福祉観」というものから、私たちはなかなか自由になることができません。

マスメディアでは、多くの場合、「かわいそうな障害者」像や「困難に負けず、けなげに努力する障害者」像がアピールされがちですが、もし障害者が、「かわいそう」で「けなげ」

といったイメージをハミ出すと、同情や共感を呼ぶことが難しくなり、どんなしっぺ返しやバッシングを受けるかわからないという恐ろしさがあるからでしょう。

しかし、「あわれみの福祉観」にしばられている限りにおいて、福祉は〝なければないに越したことはないもの〟であり、福祉は社会のお荷物で、国の財政を圧迫し、経済成長の足を引っぱる存在だという価値観からもなかなか自由になれません。

そうではなくて、福祉とは、誰もがいずれは自分の家族や、自分自身がその恩恵にあずかる可能性があり、私たち一人ひとりの大切な権利であるという、より包摂《ほうせつ》的で柔軟性のあるニーズ（ニード、必要性）に基づいた福祉観を培っていくにはどうすればいいのでしょうか。

そこで、ここからは、「障害」とはそもそも何なのか、また、障害者のための福祉や社会保障制度を充実させることとは、結局のところ、誰のトクにつながるのか、ということを、いくつかの観点から見つめ直してみたいと思います。

◆「医学モデル」と「社会モデル」

まず手始めに、「障害」とは何か、を考える上で、まったく対照的な二つの考え方を紹介したいと思います。

日本には、「障害者基本法」という法律があり、2011年（平成23年）に改正される以前は、障害とは身体障害・知的障害・精神障害の三つに分類されてきました。

また、行政の福祉サービスを受けるには、指定医師の診断や専門家の判定に基づき、それぞれ「身体障害者手帳」「療育手帳」「精神障害者保健福祉手帳」という手帳の交付を受けることが義務づけられており、たとえば、身体障害を例にとると、肢体《したい》不自由・視覚障害・聴覚障害・内部障害などの障害種別と、障害の重さによって1～7級の等級があり、6級までに手帳が交付されます。

つまり、障害とは、病気やケガなどによって生じる医学的・生物学的な特質であり、障害の重さは、手帳の等級によって示されます。こうした考え方に代表されるような障害のとらえ方を、「障害の医学モデル（または、個人モデル）」といいます。

これに対して、1970年代頃から世界中で活発化した障害者運動や、多くの障害当事者たちの自立生活の実践などをへて、じつは「障害」とはそんな単純なものではないのではないか、という問題提起が行われるようになりました。

たとえば、車いすに乗っている人でも、住んでいる地域にエレベーターが完備され、道に段差が少なければ、足が不自由であるという「障害」はかなりの部分、軽減されてしまいます。また、目が見えない、あるいは、耳が聞こえないという人でも、点字や手話を習得することで（それらを習得・活用できる環境をもっと整備することによって）、何不自由なくコミュニケーションができる例は珍しくありません。

このように、障害の「重い・軽い」は、その人が暮らしている社会や環境しだいで、大きく変わりうるものであり、場合によっては、障害が「障害」でなくなってしまう可能性もあるのです。つまり、障害者に「障害」をもたらしているのは、その人がもっている病気やケガなどのせいというよりは、それを考慮することなく営まれている社会のせいともいえるわけであり、こうした障害のとらえ方を「障害の社会モデル」といいます。

従来の医学モデルにおいては、障害とはあくまで障害者個人に付随する特質（インペアメントといいます）と考えがちですが、社会モデルにおいては、人と社会との相互作用によって生じるのが障害（ディスアビリティといいます）であるという考え方をとります。

また、医学モデルにおいては、個々の障害者の側が、できるだけその障害を治療やリハビリなどによって乗り越え、社会に適合できるように努力すべきだ、という方向でものごとを考えがちなのに対して、社会モデルにおいては、まず社会の側が、障害者にハンディキャップをもたらす要素を積極的に取り除いていくべきだ、という真逆の発想につながっていきます。

社会モデルの何がすぐれているのかというと、障害という問題を、単に個人の問題だけに押し込めるのではなく、社会全体で問題を受け止め、解決していこうという発想につながる点です。また、それによって、たとえば、車いすの障害者のために設置されたエレベーターが、高齢者やベビーカーを押す人、あるいは、キャリーバッグを引く健常者たちにも大きな利便性をもたらすといったように、さまざまな生の条件を背負った人たちを許容する社会へと大きく広がる可能性を秘めていることです。

障害を、その人個人の責任とみるか、社会の責任とみるか、発想ひとつで、乗り越えるべきテーマや変革すべき社会のイメージも大きく変わってくることになります。

もちろん、すべてを社会のせいにして、社会を変革すればそれで万事、問題が解決するというわけではありませんが、これまでの福祉観や障害観というのが、あまりに医学モデル偏重で考えられすぎてきたのは確かです。思えば、「かわいそうな障害者」像や「けなげな障害者」像というものも、その根底には、障害者が努力して障害を克服しようとする姿に感動を覚え、賞讃《しょうさん》するという、医学モデル的な障害観がひそんでいます。

そうではなくて、努力して障害を克服すべきなのは、障害者本人というよりは、まずは社会の側である、という視点でものごとを考えてみることが大切です。

さて、先の「障害者基本法」は、2011年（平成23年）に抜本的に改正されることになりました。従来の身体障害・知的障害・精神障害の三つに加えて、「発達障害」と「その他の心身の機能の障害」という項目が付け加えられたほか、障害者とは、

「障害及び社会的障壁により継続的に日常生活又は社会生活に相当な制限を受ける状態にあるものをいう」

との条文が書き加えられました。

依然として、「障害者手帳」の制度は継続されていますが、障害というものが人と社会の相互作用によって生まれるという社会モデル的な発想が盛り込まれた点は画期的といえます。「障害」とは何か、を考える上で、私たち一人ひとりの発想もまた、医学モデルから社会モデルへと大きくシフトしていく必要があります。

◆駅にエレベーターがあるのはなぜ？

「福祉は天から降ってはこない」と福祉・医療の分野で著名なジャーナリストとして活躍する大熊《おおくま》由紀子さんは、その著書『福祉が変わる 医療が変わる』（ぶどう社）の中で書いています。

福祉先進国でも、福祉が天から降ってきたわけではない。住民に突き上げられ、隣あった国と国、町と町が競いあい、学びあって、その水準が上がっていった。

（『福祉が変わる　医療が変わる』より）

福祉制度というのは、住民の激しい「突き上げ」があって初めて、ゆっくりとですが少しずつ前進していきます。

こうした「突き上げ」を日本において率先して行ってきたのが、1970年代頃から活発化した障害者運動でした。とりわけ、障害者施設や親元で「おとなしく」「けなげ」に暮らすことを拒み、障害があっても地域で普通に生活したいとして実践を重ねた障害者たちが巻き起こしたのが、「自立生活運動」と呼ばれる社会変革のための運動です。

しかし、「地域で普通に生活したい」といっても、その頃の社会は、障害者が生きやすいようにはつくられていませんでした。また、そもそも障害者は「住民」として認められてもいませんでしたから、彼らの試みは、あらゆる場面で、社会との摩擦や衝突を引き起こします。いってみれば、社会が、障害者に「おとなしく」「けなげ」であることを強いてくるのに対し、「そうはいかないぞ」とその枠から大きくハミ出ようとしたのが自立生活運動であり、それはまさに〝異文化〟どうしの激しいぶつかり合いだったといえます。

日本を代表する障害者運動のリーダーであり、全国自立生活センター協議会（JIL）代表や、DPI（障害者インターナショナル）日本会議議長などを歴任した中西正司《しょうじ》さんは、その著書『自立生活運動史』（現代書館）の中で、「（障害）当事者の要求を基にしぶしぶ行政が腰をあげるのが日本の現状」と書いています。

「要求なきところに福祉サービスなし」という原則がある。当事者の望むサービスを行政が進んで提供した前例はない。施設づくりなど、ハコもの行政が土建業界と天下り機構をつくるために必要とされても、地域の福祉サービスを良くして当選した議員はめったにいない。

（『自立生活運動史』より）

では、自立生活運動は、具体的に私たちの社会や福祉制度をどう変えていったのでしょうか。それを考える上で、まず非常にわかりやすい例として最初に挙げたいのが、前にも少し触れた「駅のバリアフリー化」の状況です。

おそらく平成の時代に生まれた人たちは、駅にエレベーターがついているのは「当たり前」と思って暮らしている人が多いことでしょう。とりわけ、都会で生まれ育った人たちにはそう思えるかもしれませんが、駅にエレベーターがついたのは〝自然の流れ〟でそうなったわけでも、鉄道会社や行政の〝思いやり〟でできたわけでもありません。30年以上にわたる障害者の絶えざる要求と運動によって、ようやく実現しました。

こうした運動は、一般に「交通アクセス運動」と呼ばれますが、中西さんによると、それ以前は、行政も市民も、「障害者のために、そんな高価な設備をつけるのは不可能だ」と考えていたといいます。

また、当時はエレベーターがないどころか、改札のスペースからして、現在とは比べものにならないほど狭く、駅に入場するには、4人がかりで車いすをかつぎ上げ、改札を乗り越えるしか手はありませんでした。ホームへ行くにも、当然階段の上り下りがありますから、鉄道を利用するたびに、駅員とのトラブルが絶えません。

そのため、「ラッシュアワーの乗降はやめてほしい」と要求されたり、「次に来たら階段から突き落とすぞ」と脅《おど》されるなど、よほどの強い精神力がなくては、障害者は施設か親元でおとなしく暮らしたほうがいいと思えるような状況だったのです。

しかし、こうした周囲の嫌悪や憎悪の視線をまともに浴びながらも、それでも街へ出ることをやめなかった多くの障害者がいました。

◆バリアフリーは誰のトクか？

交通アクセス運動は、１９７０年代前半から全国各地で巻き起こります。

たとえば、１９７３年（昭和48年）に仙台市で開かれた「車椅子市民全国集会」を皮切りに、同年、京都市の地下鉄新設を契機に結成された「だれでも乗れる地下鉄にする運動協議会」や、山形駅前のエレベーター設置要求運動（１９７３年）、東京都世田谷区の「梅ヶ丘駅（小田急電鉄）を誰もが利用できるようにする実行委員会」の駅舎改善要求活動（１９７４年）など、全国で次々とエレベーターの設置や、段差の解消を求める運動が高まっていきます（杉本章『障害者はどう生きてきたか　戦前・戦後障害者運動史』現代書館より）。

また、１９７６年（昭和51年）とその翌年にかけて、通称「川崎バスジャック事件（川崎バス闘争）」と呼ばれるショッキングな事件が起こりました。

川崎市において、車いすの障害者に対する路線バスの乗車拒否が相次いで起こったことから、脳性まひの障害者らによるグループ「青い芝の会」が川崎駅前に集結。乗車拒否の発端となった川崎市営バスや東急バスのターミナルで、一斉にバスに強行乗車したり、バスの前に座り込んで運行をストップさせるという騒動を巻き起こしました。

この事件は、マスコミでも大きく報じられ、車いす利用者に対する乗車拒否が社会問題となりましたが、それでも、一般市民の反応は冷ややかで、健常者中心の社会を徹底的に告発・糾弾《きゅうだん》しようとする「青い芝の会」は〝過激派〟とみなされるなど、事態を大きく動かすには、さらなる年月を要することになります。

車イス乗車 また大もめ
バス35台が運休
乗客ら実力排除も
川崎駅前
両者の主張、平行線
〝別件〟で課

「川崎バスジャック事件」を報じる記事
（朝日新聞 1977. 4. 13）

重たい岩盤がようやく動き始めたのは、1980年代後半になってからです。

1988年（昭和63年）、東京・新宿で、障害当事者の世界大会（リハビリテーション・インターナショナル）が開催されたのをきっかけに、アメリカ、ヨーロッパ、アジアの障害者を巻き込み、エレベーターのない新宿駅の改善を求める大々的なデモが行われました。

また、翌年には、DPI日本会議の呼びかけで、「誰もが使える交通機関を求める全国行動実行委員会」という全国組織が結成されます。この運動の先頭に立ったのが中西さんでした。

中西さんらは、

「駅にはエレベーターを、バスにはリフトを」

というスローガンを掲げ（のちに「駅にはエレベーターを、バスはノンステップに」に変更）、全国20数都市の運動体が歩調を合わせ、同じ日に行動を起こす「統一行動」に取り組んだほか、一般市民にも理解を広げるため、デモの呼びかけのチラシには、「お年寄りやベビーカーを押すお母さんも参加してください」と書き込むようにしたといいます。

客観的なデータ収集も重要な戦略でした。

当時、全国のJR各社の駅のうち、車いすでアクセスが可能な駅は、わずか2％にすぎませんでしたが、計測チームを組織して、各駅の階段は何段あるか、その高さは何センチか、車いすで使えるトイレはあるか、点字での表示は整えられているかなど、全国規模でデータを収集し、それらを行政や鉄道会社に対して突きつけました。客観的に示されたデータを前に、交渉相手もその事実を認識せざるをえなかったといいます。

こうした長きにわたる運動が実り、1994年（平成6年）には、「ハートビル法（病院や劇場、デパートなど不特定多数の人が利用する公共施設で、高齢者や障害者が支障なく利用できるように対策を促す法律）」が、2000年（平成12年）には、「交通バリアフリー法」が施行されるにいたります。

さらに、この二つの法律は、2006年（平成18年）に「バリアフリー新法」として統合され、現在では、1日3000人以上が利用する駅のすべてについて、段差の解消、視覚障害者の転落を防止するための設備の整備などが義務づけられるようになりました。

では実際、駅のバリアフリー化の状況はどう変わったでしょうか。

国土交通省のデータによると、全国のJR6社の段差解消率は、依然として43・3％（4457駅のうち1931駅）と高いとはいえませんが、1日3000人以上が利用する都市の主要駅に限ってみれば、90・9％の解消率となっています。

また、全国の大手民鉄15社においては97・0％（1日3000人以上が利用する駅の解消率／大手民鉄のすべての駅についての解消率は87・9％）、全国10都市の地下鉄駅の段差解消率は100

％（全駅についても100％）と高率です（国土交通省「平成30年度駅のバリアフリー化状況」より）。

私が住む札幌市《さっぽろし》においても、地下鉄駅のエレベーター設置率は100％です。また、車いす対応トイレや、ベビーチェア、ベビーベッド、オストメイト（人工肛門《こうもん》・人工ぼうこう保有者）設備、視覚障害者誘導用ブロック、ホーム列車接近案内表示、券売機点字表示もほぼ100％の設置率となっていますが、その陰には、「札幌いちご会」という障害者団体を始めとする障害当事者たちの長きにわたる設置運動の積み重ねがあります。

どこのまちでも、そこに住む障害当事者たちが闘いを重ね、勝ち取った成果を、現在の私たちは、知らず知らずのうちに享受しています。

こうした駅のバリアフリー化は、障害者がまず率先して声を上げ、社会の仕組みやあり方そのものを変革する努力を重ねた結果、それが障害者のためだけでなく、「社会全体のトク」につながった、最もわかりやすい例といえるでしょう。

◆ノーマライゼーションという理念

「障害者のために、そんな高価な設備をつけるのは不可能だ」――。

当初は、行政も市民もそう考えていた駅のエレベーターでしたが、いざ設置してみると、それは障害者のためだけでなく、「社会全体のトク」につながったということを前にみてきました。

今では、高齢者やベビーカーを押す人たち、あるいは、日々の仕事で疲労したビジネスマンや、若くて元気な高校生までが、われ先にとエレベーターに乗り込んでいきます。

障害のある人たちの切実な訴えには、こうした面があることを私たちは忘れるべきではないでしょう。

「なんてわがままな訴えなんだ」と最初は行政も市民も相手にせず、反発さえ覚えた訴えであっても、結果的にみれば、社会全体をいい方向、豊かな方向に変えてくれたということが往々にしてあるものです。そのことは、単に「駅のバリアフリー化」という都市の機能的な側面だけでなく、私たちの暮らしを支える種々の制度や、人間が生きる上での、より本質的な問題提起へとつながっていきます。

世界的にみると、こうした福祉的な発想の大きな転換は、まず最初にデンマークで起こりました。今では「福祉先進国」と呼ばれるデンマークですが、1950年代までは、日本と同様、障害者は大規模な施設に隔離収容して管理するということがさかんに行われていました。そのため、とりわけ知的障害のある人たちの間で「親の会」が組織され、大規模施設での劣悪な処遇に対して活発な改善運動を行うようになります。

こうした動きの中で、「親の会」の要望に共感し、待遇改善のための法制化に力を砕いたのが、デンマーク社会省の担当官だったニルス・エリク・バンク＝ミケルセンでした。

バンク＝ミケルセンは、「知的障害をもっていても、その人は、ひとりの人格をもつものであり、ノーマルな（普通の）人びとと同じように生活する権利をもつ人間である」という理念を盛り込んだ報告書を提出し、1959年（昭和34年）に新しい法律が制定されます。

一般に、「1959年法」という名で呼ばれるこの法律は、デンマーク語で「Normaliserling（ノーマリセーリング）」という言葉が初めて用いられた法律として知られています。

英語の表記では「Normalization」と書き、イギリス発音では「ノーマリゼーション」、アメリカ発音では「ノーマライゼーション」と読まれることが多いのですが、日本では、どちらかというと、アメリカ読みの「ノーマライゼーション」のほうが一般化するようになりました。

のちに〝ノーマライゼーション（ノーマリゼーション）の父〟と呼ばれるようになるバンク＝ミケルセンは、その理念についてこう説明しています。

ノーマリゼーションとは、全ての人が当然もっている通常の生活を送る権利をできる限り保障する、という目標を一言で表したものです。（略）

たとえ障害があっても、その人を平等な人として受け入れ、同時に、その人たちの生活条件を普通の生活条件と同じものとするよう努めるという考え方です。（花村春樹『「ノーマリゼーションの父」N・E・バンク－ミケルセン』ミネルヴァ書房より）

では日本においてはどうだったのでしょうか。日本においても、欧米の動きとは別に、独自の障害者運動が巻き起こっていました。中でも強い影響力を発揮したのが、前にもその名を挙げた「青い芝の会」という脳性まひの障害者たちによる団体でした。

◆「青い芝の会」の衝撃的な告発

青い芝の会は、1957年（昭和32年）に、東京・世田谷区の光明《こうめい》養護学校（現・特別支援学校）を卒業した脳性まひの同窓生を中心に結成された団体です。

結成当初は、旅行や茶話会などの親睦《しんぼく》や互助活動が中心でしたが、当時の障害者は今以上に地域に行き場がなく、それぞれが孤立した状態にありましたから、結成3年後には会員数240名を超える団体へと成長していきます。

そして、1960年代に入ると、団体内に「社会活動部」というグループをつくり、より根本的な生活改善をめざして、福祉制度拡充のための運動を始めるようになります。さらに、1970年（昭和45年）に起こったある事件をきっかけにして、この団体は一気に告発・糾弾色の強い団体へと変貌《へんぼう》していくのです。

その年、横浜市金沢区で、脳性まひだった2歳の女児を、母親がエプロンのひもで絞め殺すという事件が起こりました。この母親は、女児の他にも2人の男児を抱えていましたが、4歳の次男も脳性まひだったことから、過剰な負担を背負い、将来を悲観しての犯行だったといわれています。

そのため事件後は、この母親に対する同情論が一気に高まりました。母親を殺害に追い込んだのは、何より日本の福祉行政の貧困であり、母親が障害児を殺してしまったのはやむをえないことである——。地元町内会や、同じように障害児のいる母親を中心に約700名の署名が集められ、加害者である母親の「減刑」を嘆願する運動が開始されたのです。

しかし、青い芝の会は、こうした社会の風潮に対し、徹底的な糾弾を行います。

殺した母親がかわいそうというのなら、殺された子どもはどうなるのか。もし減刑が認められるなら、脳性まひ者は殺されても仕方のない存在ということになってしまう。減刑は、脳性まひ者の「生きる権利」の否定である、として横浜地検や神奈川県庁、県議会議員などに意見書を提出し、厳正裁判要求を行ったのです。
「殺した母親を重罪にせよ、というのではない。障害者でも生命の大事さは同じだから、母親は刑法によって罪は罪として裁いてほしい。障害者を殺してもいいという風潮が広まることがわれわれにとって一番こわい」（『横田弘《ひろし》対談集　否定されるいのちからの問い』現代書館より）
こうした障害者自身による告発は、当時の社会に大きな衝撃をもたらしました。
当時、青い芝の会の中心的メンバーだった横塚晃一《よこづかこういち》氏は、殺した母親に対しては同情が集まるのに、殺された障害児に対してはまったく同情しようともしない社会の矛盾点や、一人の障害児の死に対する社会一般の認識の軽さを、次のような文章で告発しています。

なぜ彼女（子殺しの母）が殺意をもったのだろうか。この殺意こそがこの問題を論ずる場合の全ての起点とならなければならない。彼女も述べているとおり「この子はなおらない。こんな姿で生きているよりも死んだ方が幸せなのだ」と思ったという。なおるかなおらないか、働けるか否かによって決めようとする、この人間に対する価値観が問題なのである。この働かざる者人に非《あら》ずという価値観によって、障害者は本来あってはならない存在とされ、日夜抑圧され続けている。
障害者の親兄弟は障害者と共にこの価値観を以《も》って迫ってくる社会の圧力に立ち向かわなければならない。にもかかわらずこの母親は抑圧者に加担し、刃《やいば》を幼い我が子に向けたのである。我々とこの問題を話し合った福祉関係者の中にもまた新聞社に寄せられた投書にも「可哀そうなお母さんを罰するべきではない。君達のやっていることはお母さんを罪に突き落とすことだ。母親に同情しなくてもよいのか」等の意見があったが、これらは全くこの〝殺意の起点〟を忘れた感情論であり、我々障害者に対する偏見と差別意識の現われといわなければなるまい。これが差別意識だということはピンとこないかもしれないが、それはこの差別意識が現代社会において余りにも常識化しているからである。

（横塚晃一『母よ！殺すな』生活書院より）

今から40年以上前の1972年（昭和47年）に書かれた文章ですが、今読んでも非常にドキリとさせられる内容を含んでいます。
追い詰められて障害児の首を絞めた母親に対する同情論は、今の社会でも起こりうることですし、「こんな姿で生きているよりも死んだ方が幸せなのだ」という価値観や、それを強要するような「社会の圧力」も、今日ますます強まっているように思えます。

さらに、「これが差別意識だということはピンとこないかもしれないが」と横塚氏は書いていますが、まさにそうだと思わざるをえません。それほどまでに、こうした価値観が「常識化」してしまっているのが現代社会だともいえます。

青い芝の会は、こうした社会の風潮に対して、はっきりとノーを突きつけました。

この減刑反対闘争を境に、運動団体としての活動を本格化させた青い芝の会は、1972年（昭和47年）には、「優生保護法（現・母体保護法）」の改定にあたり、「胎児が重度心身障害を持つ可能性がある場合、中絶することができる」という認定要件（いわゆる、胎児条項）を新たに明記しようとしたことに対し、激しい運動を展開してこれを阻止。また、1976年（昭和51年）には、前述したように川崎駅前のバスターミナルにおいて、車いすの障害者の乗車拒否に対し、徹底した抗議行動を展開します。

そのラディカルで妥協を許さぬ運動には、当時の〝良識〟ある市民社会から嫌悪と批判が浴びせられることもありましたが、彼らの身を賭《と》した運動があればこそ、日本の障害者運動は次のステージへとつながっていくことになります。

◆障害者と健常者は同じ人間？

1950年代後半から1970年代にかけての日本は、世界にも例のない高度経済成長を成し遂げていきました。しかし、その一方で、水俣病《みなまたびょう》に代表されるような公害問題や、日米安保闘争、部落解放運動や在日韓国・朝鮮人問題など、さまざまな社会問題が噴出した時代でもあります。

青い芝の会が激烈な運動を展開した当時の社会には、障害者に対する根深い差別や偏見がありました。何より「生産性」が最も重視される時代にあって、障害者は〝本来あってはならない存在〟とされ、最も劣位に置かれるような存在でした。また、在宅で暮らす障害者への公的な支援はほとんどなく、施設に隔離収容することだけが「福祉」と考えられていた時代です。

「こんな姿で生きているよりも死んだ方が幸せ」

と母親がわが子を殺してしまった横浜市の事件に象徴されるように、当時（1968〜70年）、全国で毎年40件前後の障害者や障害児を巻き込んだ殺人や心中事件が起きていたといいます（『横田弘対談集　否定されるいのちからの問い』より）。

今の時代にあっても、女性は妊娠・出産時には、「障害児を生むかもしれない」という過度のプレッシャーを受けがちですが、こうした価値観でおおわれた社会の冷たさや息苦しさに気づくのは、自分や家族がその立場に置かれたときだけ、という悪循環を、なぜだか私たちの社会はすぐに繰り返してしまいます。

それに対して、青い芝の会の運動の根底にあったのは、突き詰めると、「脳性まひで何が悪いのか」という主張であり、障害者が障害者として生きることをなぜ否定されなくてはならないのか、という問題提起でもありました。

会の中心メンバーだった横塚晃一氏は書いています（文中の「健全者」とは、青い芝の会独特の用語で「健常者」、あるいは「非障害者」のことを指します）。

よく障害者も同じ人間なのだという言葉を聞く。それは障害者の側からも言われるし、健全者の側、特に福祉関係者や障害者問題に関心を持つ人達の間からも口ぐせのように聞く言葉である。果してそうなのだろうか。（略）

健全者といわれる人達と我々脳性マヒとは明らかに肉体的に違いがある。つまり私のもっている人間観、社会観、世界観ひいては私の見る風景までも、他の人達特に健全者といわれる人達とは全然別なのではあるまいか。もし違うとすればどう違うのか。つまり私の世界がある筈《はず》であり、これが私の世界だといえるものを具体的に示さない限りそれはあるとはいえないと思った。

脳性マヒ者としての真の自覚とは、鏡の前に立ち止って（それがどんなに辛くても）自分の姿をはっきりとみつめることであり、次の瞬間再び自分の立場に帰って、社会の偏見・差別と闘うことではないでしょうか。そこにおける我々の主張は単なる自分だけの利益獲得におわることはないでしょう。それは人類が過去何千年かにわたって取り組んで来た人間とは何か？　人間社会のあり方はどうあるべきか？　ということに我々自身の立場からかかわることであり、これが真の社会参加ということだと思います。

（横塚晃一『母よ！殺すな』より）

横塚氏は、この世に障害者と健常者という〝違う人間〟が存在することの意味を、「障害者も健常者も同じ人間だ」というキレイゴトの言葉でおおい隠すのではなく、むしろ積極的に問おうとしているように思えます。健常者とはまったく異なる肉体をもつ私たちが、この世に生きている意味とはいったい何なのかと――。

こうした自らの存在意義や社会のあり方に対する深い問いかけが、やがて青い芝の会の行動綱領《こうりょう》（活動方針）として掲げられた文章につながっていきます。

一、われらは自らがCP者（脳性まひ者のこと／引用者注）であることを自覚する。
一、われらは強烈な自己主張を行なう。
一、われらは愛と正義（のもつエゴイズム／同）を否定する。
一、われらは問題解決の路《みち》を選ばない。
一、われらは健全者文明を否定する。

こうした青い芝の会による運動は、それまで施設や家の中に閉じ込められていた多くの障害者を勇気づけるとともに、その影響を受けた関西や東北、九州、北陸など全国各地の障害者たちが、次々と青い芝の会を結成するようになります。

◆新田勲さんと「府中療育センター闘争」

さらに、横浜市で障害児の殺害事件が起こったのと同じ1970年（昭和45年）の11月には、東京・府中市《ふちゅうし》の大規模施設において、「府中療育センター闘争」と呼ばれるもう一つ別の運動が巻き起こっていました。

これは、施設に入所している重度の障害者たちが、職員からの日常的な差別や、劣悪な管理体制に対して強く抗議する運動であり、施設入所者が自ら本格的に声を上げた最初の出来事でした。

この運動の中心を担ったのが、第1章でその名を挙げた「足文字」の新田勲さんです。

当時、府中療育センターは、その規模と最新の設備によって〝東洋一〟の先進的な重度障害者のための施設と謳《うた》われていましたが、その内部で実際には何が行われていたのかを、新田さんは、のちのインタビューに答えてこう語っています。

朝の食事は、職員が足りないため、車いすの人を幾人も円形に並べて、真ん中に職員が入って親鳥が小鳥に餌《えさ》をやるようにします。トイレも風呂も時間で区切って、時間がくるまで我慢させられることも多いのです。（略）
また、ここに入所する時点で解剖承諾書をとられ、ここの決まりは守りますという誓約書を書かされました。一応建前としては一日のスケジュールはありますが、その生活の中で、常に新薬を服用させられて、いろんな頭の形を調べて、「こいつの頭の形がおかしいから一度切り開いてみたい」と歩きながら医者が看護婦と笑い合っているということがよくありました。女子のところは、入浴や介護のなかで、男性職員からたくさんいたずらやセクハラを受けたということです。

その辺から、私を含めた数人の障害者が、「モルモットの場ではなく障害者の生活の場にしろ」と少しずつ要求を出していったのです。

（新田勲「障害者に生まれて幸福だったと自分を偽るな。本音で生きろ！」より／全国自立生活センター協議会編『自立生活運動と障害文化』現代書館所収）

こうした要求が、やがて「命をかけた闘争」へとつながっていきました。

新田さんは、重度の脳性まひで、言葉も十分に発語することができませんでしたが、その圧倒的な存在感と、足文字という独自のコミュニケーション方法を駆使して、障害者運動を牽引《けんいん》するリーダーとなっていきます。そして、施設の管理体制への抗議にとどまらず、「脱施設化」という新たな目標を掲げて、障害者が地域で暮らすための福祉制度を、ゼロから国や自治体に対して要求していったのです。

私の住む北海道でも、1977年（昭和52年）に「北海道立福祉村」という大規模施設の

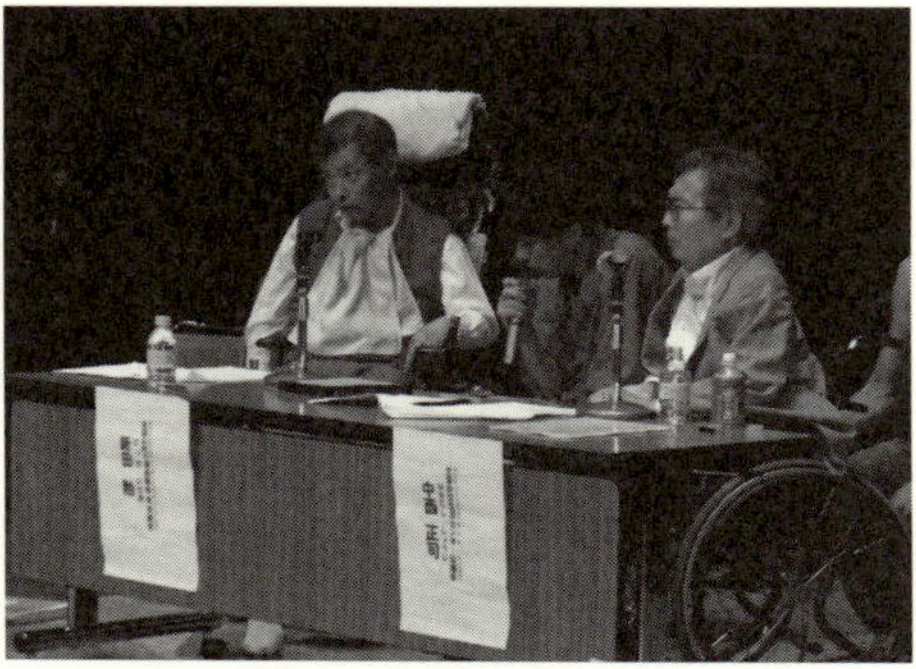

障害者運動における“両雄”ともいえる新田勲さん（左）と中西正司さん（提供：深田耕一郎）

建設計画に異を唱える小山内美智子《おさないみちこ》さんという重度の脳性まひの障害者らを中心に、「札幌いちご会」という団体が結成されました。鹿野靖明さんもまた、若い頃に、このグループのメンバーとして活動することで、「どんなに障害があっても地域で生きる」という考え方に目覚めていった経緯があります。

まだ「在宅福祉」という言葉さえあまり知られていなかった時代に、重度の障害のある人たちが、施設でも親元でもない〝第3の道〟を模索し始めたのです。

◆何をもって「自立」というか

北欧のデンマークを起源とする「ノーマライゼーション」の理念は、1960年代にアメリカにも飛び火し、福祉政策転換への大きな原動力となりました。

さらに1970年代に入ると、アメリカに新しい障害者運動の潮流が芽生えます。

それが「自立生活運動（Independent Living Movement）」と呼ばれるムーブメントでした。そして、このアメリカ発祥の運動が、1980年代以降の日本の障害者運動にも大きな影響を与えることになります。

もともとこの運動は、1962年（昭和37年）に、カリフォルニア大学バークレー校に入学したエド・ロバーツという学生による権利擁護運動がきっかけでした。

ロバーツは、13歳のときポリオという病気にかかり、その後遺症で首から下がまひ（四肢まひ）するという障害がありましたが、優秀な知性をもっていたことから、同大学に初めて重度の障害学生として入学します。

しかし、キャンパス内の病院で管理され、保護されるだけの生活を不服として運動を起こし、卒業後の1972年（昭和47年）には、カリフォルニア州バークレーに、障害者が地域で暮らすためのサポート拠点を開設します。これが世界で最初の「自立生活センター（Center for Independent Living／略して「CIL」と呼びます）」となって、全米のみならず、世界各国へと広がっていく自立生活運動の拠点となっていくのです。

日本においても、1980年代以降、全国に自立生活センターが開設し、日本の福祉の向上を牽引する存在として急成長していきます。それについてはあとで詳しくみるとして、まずその前に、どうして「自立」という言葉が用いられ、問題とされたのかを考えてみましょう。

それは、自立生活運動の「自立」に、従来の自立という言葉の概念をひっくり返すような新しい意味・主張が込められていたからです。

従来、自立というのは、他人の助けを借りずに、自分で何でもできること（身辺《しんぺん》自立といいます）、あるいは、自分で収入を得て自分で生きていくこと（経済的自立といったりします）を意味していました。

しかし、もしそうであるなら、ロバーツのような障害者は一生、「自立できない人」ということになってしまいます。

そうではなくて、自立というのは、自分でものごとを選択し、自分の人生をどうしたいかを自分で決めることであり（自己選択・自己決定といいます）、そのために他人や社会から支援を受けたからといって、そのことは、なんら自立を阻害する要素にはならない。ましてや、その人の人格が侵されることもない――。

ロバーツが主張した「自立観」は、それまで世間から「自立できない」と思われていた障害者の自立宣言として、社会に大きなインパクトを与えました。また、それまで障害者運動に関わっていた障害者一人ひとりにとっても大きな意味をもっていました。

それを考える上で、私自身は、鹿野さんから直接聞いた話がやはり忘れられません。日本に、アメリカの自立生活運動の思想が伝わるのは1980年代に入ってからですが、とりわけ1981年（昭和56年）という年は、国連が「国際障害者年」と定め、国際的なキャンペーンを大々的に展開した年でした。

世界中で障害者の人権問題や権利回復運動が高まりをみせる中、日本政府もこうした動向を無視できないという〝外圧〟から、それまで施設一辺倒だった福祉政策や福祉関連法の見直しに取り組まざるをえなくなりました。また、それと同時に、福祉先進国への視察事業や、欧米の障害者との交流事業などの開催も活発化しました。

1982年（昭和57年）のことですが、マサチューセッツ州・ボストンの自立生活センターでカウンセラーを務めるエド・ロング（先のエド・ロバーツと名前が似ていますが別の人です）というアメリカ人を北海道に呼んで、全道各地で講演会を開催しようというプロジェクトが巻き起こりました。

このプロジェクトの副代表を務めたのが鹿野さんでした。北海道にやって来たエド・ロングに付き添いながら、鹿野さんは移動中のタクシーの中で、講演後の交流会で、通訳をまじえて何度も語り合ったといいます。

「アメリカでは、障害者でも仕事に就けるんですか？」

あるとき鹿野さんがそうたずねます。エド・ロングは、鹿野さんと同じ筋ジストロフィーという重度の障害がありながらも、ボストン市の職員としても活躍し、世界各国を講演にまわるタフで活動的な紳士でした。

鹿野さんに向かってエド・ロングはいいます。

「もちろん簡単なことではない。でも、アメリカでは、『何ができないか』ということよりも、『何ができるか』が問題なのだ。だから、『できる』と主張する人には、どんな援助をしてもそうさせるだろう」

「主張すれば与えられる。主張しなければ与えられないということですか？」

「そのとおりだ。だからこそ、主張することを恐れてはいけない。階段を昇れないなら、デスクを1階に置いてくれと頼めばいい。また、エレベーターをつけろと主張すればいい。『できない』ということに、必要以上に目を奪われてはいけない」

「エドさんにとって、自立とはどういうことなんですか」

「自立とは、誰の助けも必要としないということではない。どこに行きたいか、何をしたいかを自分で決めること。自分が決定権をもち、そのために助けてもらうことだ。だから、人に何か頼むことを躊躇《ちゅうちょ》しないでほしい。健康な人だって、いろんな人と助け合いながら暮らしている。一番だいじなことは、精神的に自立することなんだ」

このときの話を、のちに鹿野さんは、いまだ興奮冷めやらぬという表情で私に語ったあとでこういいました。

「エドの話を聞いて、オレの人生が変わった。そのとき、『答えが出たー。見えたー』と思った!」

エド・ロングのいった、「健康な人だって、いろんな人と助け合いながら暮らしている」とは、考えてみれば、まったくそのとおりです。そもそも社会とは、相互に助け合う人と人とのつながりによってできています。

前にも書きましたが、どんな人でも、他人からモノやサービスを提供してもらうことなしに日々の生活を営むことはできません。その意味で、「持ちつ持たれつ」が社会の基本原理であり、誰でも他人にニーズ(必要性)を満たしてもらいながら、「自立生活」を営んでいるわけです。

つまり、他人に助けを求めたからといって、それで「自立」がおびやかされることにはなりませんし、どんなに障害があっても、他人の助けを借りながら「自立」して暮らせる社会は、どんな人にとっても安心して生きられる社会のはずです。障害者の自立生活運動から生まれた自立観は、健常者を基準にできていたそれまでの自立観を大きく変えました。それは健常者の生き方をもラクにし、豊かにする大きな価値観の転換を含んでいました。

◆自立生活を支える制度の獲得

1970年代から1980年代にかけて、日本の各地の障害者たちが、施設や親元を飛び出して、地域で自立生活を始めるようになりました。

しかし、当時は「在宅訪問介護（ホームヘルプサービス）」にあたる制度はまだ整備されていませんでした。唯一、低所得者や独居高齢者を対象とした「老人家庭奉仕員派遣事業」という制度が1962年（昭和37年）から始まっていましたが（1967年に身体障害者、1970年に心身障害児のいる家庭にも派遣が認められます）、その名のとおり、高齢者のための生活援助（家事援助）が主体であり、1日24時間の身体介助を必要とする重度障害者にはほとんど使いものにならない制度でした。

福祉制度を考える際には、往々にしていえることですが、どんなに切実なニーズがあったとしても、それを誰かが社会に訴えていかなくては、ニーズそのものが「ない」ものと見なされてしまいます。

声を上げなければ、ニーズを満たすサービスが制度化されることはありません。

そのため、地域で自立生活を始めた障害者たちは、おのおのがボランティアを募り、自分に必要な介助者を自分たちの手で調達しながら、同時に、公的介護保障を社会に認めさせるための運動を行っていくことになります。障害者が地域で生きるための制度を、行政と交渉してゼロからつくり上げていったのです。

まず1974年（昭和49年）に、先の「府中療育センター闘争」を繰り広げた新田勲さんを中心とするメンバーが、「在宅障害者の保障を考える会（通称「在障会」）」という団体を結成して、東京都とたび重なる交渉のすえに、「重度脳性麻痺《まひ》者介護人派遣事業」という制度を獲得します。

これは、在宅の脳性まひ者（障害等級1級）を対象に、1回1750円の介護料をひと月に最大4回分（計7000円）助成するという制度でした。

1日24時間の介護保障を求めていた在障会からすると、あまりに低い水準の保障にすぎませんでしたが、障害者が自ら指定した介助者に、自ら介護料（給与）を支払うことができる日本で初めての公的な介護保障制度となりました。

この制度は、やがて脳性まひ以外の障害者も利用できる「全身性障害者介護人派遣事業」として、1986年（昭和61年）には大阪市、1989年（平成元年）には埼玉県、1990年（平成2年）には札幌市に広がり、自立生活を支える重要な基盤となっていきます。

また、在障会は、1975年（昭和50年）には厚生省（当時）とも交渉を行い、従来からあった生活保護制度の加算措置として、介助を必要とする障害者への「他人介護加算」の増額を求めていきます。

これもまた、1日24時間の介護加算を求める在障会に対して、1日4時間分（時給400円換算でひと月4万8000円）を「厚生大臣承認特別基準」という名目で加算するというにすぎませんでしたが、のちに加算額を拡大していくための大きな突破口を開くことになりました。

そして、1980年代後半に入ると、高齢化の進行がようやく社会的な問題として国民全体に共有されるようになります。国も、さまざまな高齢者施策を打ち出すようになり、1989年（平成元年）には、先の「家庭奉仕員派遣事業」を「ホームヘルプサービス事業」として整備しなおして、ホームヘルパーの増員と充実を図るようになります。

こうした制度をフル活用しながら、その不足分をボランティアによる無償労働でカバーするという自立生活の基本パターンができ上がっていきます（現在これらの制度は、生活保護他人介護加算を除き、「重度訪問介護」というサービス区分で給付が行われています)。

また、新田さんらは、より全国的な規模へと運動を拡大していくため、1988年(昭和63年)、「全国公的介護保障要求者組合」を結成し、その後も、各制度の時間数・給付額のアップをめざし、絶えまなく行政と交渉を行っていきます。

◆「自立生活センター」って何だろう?

日本に本格的な自立生活センターが誕生したのは1986年(昭和61年)のことでした。東京・八王子市に設立された「ヒューマンケア協会」です。

発祥国のアメリカで研修を積んだ4人の障害者を中心にスタートし、それ以降の日本の自立生活運動を一変させるほどの大きな牽引力をもつことになります。

自立生活センターには、それまでの運動を担ってきた団体にはない大きな特色がありました。それは、障害者が介助サービスの受け手ではなく、サービスを提供する側にまわるという仕組みを築き上げた点です。

自立生活センターでは、介助者の派遣事業を大きな活動の柱としています。今でこそ、地域にはたくさんの民間の訪問介護事業所が存在しますが、自立生活センターはそれらに先がけて誕生した事業体でした。

重度の障害のある人たちが、自分たちで介助者を雇い入れ、地域で介助を必要とする人に介助者を派遣し、障害者が本当にほしい良質なサービスを自らの手で提供するという考え方に基づいています。

ヒューマンケア協会の代表を務めるのは、前に「交通アクセス運動」を指揮したリーダーとしても紹介した中西正司さんですが、以前インタビューをした際、自立生活センターの特色について、中西さんはこんなことをいっていました。

「それまでの障害者運動には、自分たちがサービスの担い手になるという発想はありませんでした。行政だって、障害者のためにどんなサービスを提供すればいいのかわからないわけですから、こっちで先にモデルをつくり上げてしまったほうが近道なんです。差別というのは、知らないから起こるという側面もあって、その解消の仕方を教えてあげるのはこちら側の役割でもあるんです」

中西さんは、1944年（昭和19年）生まれですが、上智《じょうち》大学経済学部の3年生だった20歳のとき、オートバイ事故を起こして頸髄《けいずい》（首を通る神経のことをいいます）を損傷し、以降、四肢まひという重度の障害を負ってしまいます。

その当時の状況を著書の中でこう書いています。

大学三年生の時に交通事故で障害者になって考えたことは、「今後一生介助をうけなければ生活できない。哀れみの福祉は受けたくない。どうすれば能率と効率を重んじる資本主義社会のなかにあって、もっとも劣等な労働力として位置づけられる障害者が、介助を受けながら、非障害者とのあいだで対等な人間関係を持てるだろうか」という問いであった。

考え出した答えは、「ボランティアに頼ることはやめて、有料の介助者を使うことにしよう。資本主義社会の論理を逆手にとって、障害者が雇用主になって、介助者の雇用と解雇権を持つ。そこではじめて、毎回遅刻してくるボランティア気分の介助者に、障害者自身の口から苦情を言うことができる。そうすることで、社会から無視されることなく、対等な人間関係のなかで、責任のある介助が権利として得られる道が開かれる」というものであった。

（中西正司・上野千鶴子《ちづこ》『当事者主権』岩波新書より）

資本主義の論理を逆手にとり、障害者自身が介助サービスの担い手となって、より理想的な介助サービスや福祉制度のあり方を積極的に打ち出していく――。

こうしたスタイルは、それまで全国各地で自立生活運動を行ってきた障害者団体にも強い影響を与え、多くの団体が自立生活センター開設に乗り出すようになります。

1991年（平成3年）には、東京・町田市の「町田ヒューマンネットワーク」や、京都市の「日本自立生活センター」、名古屋市の「AJU自立の家」、札幌市の「札幌いちご会」など15の団体が集まって、「全国自立生活センター協議会」が発足。現在では、全国で100カ所以上にまで自立生活センターのネットワークが広がっています。

自立生活センターが、他の民間の事業所とまったく異なる点は、代表者と運営委員の過半数（51％以上）を障害当事者が担うことが運営方針に定められていることです。

そのため、重度障害者へのサービスを「手がかかるから」「利益が少ないから」という理由で避けたり、利益優先で単価の高い介護サービスばかりに片寄るということがありません。どんなに障害が重くても、自立して安全に暮らしていける社会を実現するという理念を貫けるのは、障害当事者が運営の中枢を担っていればこそでしょう。

もう一つ重要な点は、施設から出たいのに勇気が湧かないとか、親元を出て自立生活したいけど、どうすればいいかわからない、といった不安を抱く障害者を、心身両面からサポートするプログラムが用意されていることです。

たとえば、介助者との接し方や、トラブルの解決方法をロールプレイで学んだり、自分は劣った人間ではないかというマイナス感情を抱くような障害者に対して、同じ体験をもつ先輩の障害者がカウンセリングを行う「ピア・カウンセリング（ピアは「仲間」という意味）」が重要な活動の柱となっています。

このように、障害者が失っていた自信を回復し、当事者としての意識にめざめ、自己決定力を高めていくための援助を「エンパワメント」といいます。こうしたエンパワメント支援によって、地域の障害者を円滑な自立生活へと橋渡しし、その実績を積み重ねることによって、ますますセンターの運営基盤を確かなものにしていきました。

自立生活センターは、行政に対しても強い交渉力を発揮します。

介護保障運動を推進するために結成された「全国障害者介護保障協議会」とも力を合わせて、1999年（平成11年）には、東京都内の18の自治体と四国・九州の3つの自治体で、念願だった1日24時間の介護保障を実現させることとなります。

◆障害者運動は社会をどう変えたか

私の住む札幌市で、1日24時間の介護保障が実現したのは、鹿野さんが亡くなった4年後の2006年（平成18年）のことでした。

札幌市の「障がい福祉課」と粘り強く交渉を続けていた8名の重度障害者が、特例として24時間の介護保障を市に認めさせたのです。私が鹿野さんと出会った2000年（平成12年）当時には、1日13時間が上限であり、残りの1日11時間分の介助を、ボランティアの無償労働によって埋めなくてはならなかった状況を考えると、隔世《かくせい》の感があります。

とはいえ、財政難を理由に、給付をしぶり、サービスをできるだけ抑制したがるのは行政のつねです。重度障害者が地域で「普通」に生活するためには、自ら声を上げて介護支給を「勝ち取る」という涙ぐましい努力をしなくてはならない点は、現在でも変わっていません。

では結局のところ、障害者運動は私たちの社会をどう変え、私たちの社会に何をもたらしたのでしょうか。

「障害者は高齢社会の水先案内人」

といったのは、前にも紹介したジャーナリストの大熊由紀子さんですが、世界でも未曾有《みぞう》の高齢化が進行している今日の目からすると、まさにそういえます。

もともと日本では、介助や介護は、家族の「扶養義務」とされ、家族が担うべきことであって、社会全体で取り組むべき課題とは考えられていませんでした。

たとえば、障害者であれば、その親やきょうだいが面倒をみるのが当たり前でしたし、高齢者であれば、その子どもや妻（嫁）が世話をするのが常識とされてきました。さもなくば、施設に収容されて、「普通の生活」からは隔離されてしまう道を歩むかの二つに一つの選択肢しか用意されていませんでした。

こうした日本の福祉のありようを、「日本型福祉社会」と呼ぶことがありますが、これに対して、自立生活をこころざす障害者たちは、どんなに障害があっても地域で普通に生活したいと主張し、施設でも親元でもない場所に、自分たちの居場所を切り開いていきました。それは地域のケアシステムを、ゼロから築き上げていく道でもありました。

今や長寿化が進み、高齢者人口比が上昇し続けているだけでなく、家族のありようも核家族化や小家族化によって大きく様変わりしています。また、医療の発達でこれまで生きられなかった人が、障害を抱えながらも生きられるようになり、難病患者や交通事故などによる重傷者の生存率も高くなっています。すべてを家族に「扶養義務」として押しつけ、問題を家族だけに閉じ込めておくのはどう考えてもムリがあります。

地域の在宅ケアシステムづくりを推し進め、介助・介護を社会的なサービスとして実施していくことは、もはや障害者のためだけでなく、社会全体のために必要なのです。

こうした取り組みは、「介護の社会化」と呼ばれ、2000年（平成12年）からスタートした高齢者のための「介護保険制度」のキーワードとして語られるようになりましたが、日本の社会や行政に対して、こうした問題をはっきりと突きつけ、その先鞭《せんべん》をつけたのは、まぎれもなく障害者の自立生活運動でした。

福祉の世界では、施設への隔離収容に代表されるように、「障害者のため」「高齢者のため」といいながら、当事者の立場からすれば、誰も望んでいないような制度や施策を張りめぐらし、それでいて福祉予算や社会保障費の膨張を嘆く声ばかりが高まっている側面があります。こうした悪循環は今もなお続いています。

そんな中、障害者運動がゼロから構築してきた介護保障制度や自立生活センターという仕組みは、こうした福祉のムリやムダを当事者の視点から批判し、編み替えることによって、当事者が本当に望む福祉のあり方を問い続けてきた歩みでもあります。その社会変革の力には目を見張るものがあるといえます。

第4章

「障害」と「障がい」

――表記問題の本質

©高橋雅之

◆私たちの障害観はどう変わったか

これまでたどってきた障害者運動の流れを踏まえながら、あらためて昨今の「表記問題」について考えてみましょう。

1990年代後半くらいから、「障害」という言葉に含まれる〝害〟という文字には、「さまたげとなるもの・妨害・わざわい」などの良くない意味があり、また、「害悪」や「害虫」「公害」などを連想させて、イメージが悪いことが問題視されるようになりました。それが障害者への差別や偏見を助長したり、また、実際に心が傷ついたり、不快に思ったりする障害者もいるということへの配慮から、主に地方自治体などの公的機関を中心にして、「障がい」や「障がい者（あるいは、「障がいのある人」）」という表記・表現にあらためるケースが増えてきました。

内閣府の調査によると、現在、全国で20以上の都道府県と政令指定都市において、条例や公文書などの表記を「障がい」にあらためたり、「障害福祉課」などの担当部署名も「障がい福祉課」などへ名称変更しています。

ちなみに、都道府県の中では、福島県が最も早い2005年（平成17年）4月に、また、政令指定都市の中では、札幌市《さっぽろし》が最も早い2003年（平成15年）7月に表記の変更を行っています（内閣府発表の「『障害』に係る『がい』の字に対する取扱いについて」より）。

ところで前の章で、私は、1日24時間の介護保障がようやく認められるようになった現在の状況について、過去と比べて「隔世《かくせい》の感がある」と書きました。

こうした感慨は、この「表記問題」を考える際にも当てはまります。

というのも、「青い芝の会」が結成された1957年（昭和32年）の前年に、日本で最初の『厚生白書』が公表されました。白書とは、中央省庁や政府の各分野ごとに、施策の状況や将来への展望などを明らかにした公式文書のことですが、その『厚生白書（昭和31年度版）』には、「身体障害者」についてこんなことが書かれています。

身体障害は、人間をおそう不幸のなかでもきわめて深刻なものの一つである。それは、人間の各種の能力の欠損をもたらすものであって、特に人間の労働能力を奪うことによって生活を破綻に陥れることが多い。のみならず、それは本人の心理にも一般世人《いっぱんせじん》の心理にも強く影響して、身体障害者は正常な人間関係を建設することが困難になり、社会生活から隔離されるおそれがなしとしない。

（第一章・第五節・一の「身体障害者」）

現在の常識からすると、あまりに露骨な偏見に満ちた「障害観」であることに驚いてしまいますが、当時は、これが白書として妥当な内容と認識されていたことからすると、社会全体を取り巻いていた障害者への差別や偏見も察して余りあるといえます。

私が、この白書の存在を知ったのは、本書を書く上で何度も参照してきた杉本章著『障害者はどう生きてきたか　戦前・戦後障害者運動史』（現代書館）という本によってですが、現在では厚生労働省の公式サイトから誰でも白書の全文を読むことができ、かつての障害者たちが置かれていた状況を知る上でも大変貴重な資料といえるでしょう。

さらに、知的障害や精神障害については、もっと言葉を失うようなことが書かれています。

精神薄弱（現・知的障害）児の数は、全国約九七万人と推定されているが、これらの児童はそのまま放置しておけば非社会的あるいは反社会的行動をとるようになりがちであり、反面、その大多数は、もし適切な保護指導または教育の機会が与えられれば、将来社会の一員として自活・自立することが期待できるのである。

（第一章・第三節・二の「精神薄弱児」）

精神に障害があれば、現代の複雑な社会生活に適応しえないのみならず、人生の落伍《らくご》者《しゃ》として取り残され、その妻子家族を不幸に陥れ、悲嘆にくれさせることとなる。またそれがこうずれば、社会の安寧《あんねい》に危害を及ぼすことにもなるであろう。

（第二章・第三節・二の「精神衛生の意義と重要性」）

こうした障害観は、現在もインターネットへの短絡的な書き込みなどに象徴されるように、私たちの心の中に根強く生き残っており、ときおりバッシング的な感情として噴出することがありますが、当時は社会通念としても「障害」は明らかに〝害〟であり、市民生活をおびやかす恐れさえある〝反社会的〟なものととらえられていたことがよくわかります。

つまり、大規模施設や精神病棟への隔離収容は、障害者保護のための政策であるとともに、市民生活を「害」から守る社会防衛的な意味合いが強かったといえます（こうした考え方を「社会防衛思想」といいます）。

しかし、その後、世界中で高まった障害当事者による権利回復運動や、国連のＷＨＯ（世界保健機関）を中心とした障害概念の検討、あるいは、２００６年（平成18年）の国連総会で採択された「障害者権利条約（障害者の権利に関する条約）」への批准《ひじゅん》（日本の批准は2014年）、そして、それらの考え方に大きな影響を与えた、前に触れた「障害の社会モデル」を基礎にしながら、近年では短絡的に〝障害とはこういうものだ〟と決めつけるような表現はなされないようになりました。

ちなみに、1994年（平成6年）より『障害者白書』を公表している内閣府の公式サイトには、次のような文言《もんごん》が掲げられています。

障害の有無にかかわらず、国民誰もが互いに人格と個性を尊重し支え合って共生する社会を目指し、障害者の自立と社会参加の支援等を推進します。

（内閣府の公式サイト「障害者施策」より）

◆「障がい者制度改革推進会議」

言葉や表現は、人間の認識を大きく左右します。

たとえば、先の『厚生白書』に見られたように、かつて「知的障害」は一般用語としても法令用語としても「精神薄弱」と呼ばれていました。

しかし、この呼称は、あたかも精神全般が弱くて欠陥があるかのような誤ったイメージを与えるとともに、人格それ自体を否定するニュアンスも強いことなどから、主要団体で構成される「日本知的障害福祉連盟（当時は「日本精神薄弱者福祉連盟」）」などの強い要望をへて、1998年（平成10年）、国会で「精神薄弱の用語の整理のための関係法律の一部を改正する法律」が成立し、「知的障害」という法令用語に変更されることとなりました（医学用語上は精神遅滞といいます）。

同様の例を挙げると、「統合失調症」や「認知症」があります。

前者は、かつては「精神分裂病」と呼ばれ、あたかも精神状態や人格そのものがつねに分裂している病気と誤解されるなど、多くの差別や偏見を助長してきました。

また、後者の認知症についても、かつては「痴呆《ちほう》（症）」と呼ばれ、明らかに侮蔑《ぶべつ》的な表現であるばかりか、症状の本質や実態を正しく反映していないことなどから、いずれも変更が行われています（統合失調症は2002年、認知症は2004年に厚生労働省より呼称の取扱通知が出されました）。

では、「障害」の〝害〟についてはどうでしょうか。

この問題について、最も深く広範な検討が行われたのは、2010年（平成22年）から約2年間にわたって行われた内閣府の「障がい者制度改革推進会議」においてでした。

この推進会議は、その名称に「障がい」というひらがな表記が用いられていますが、前年9月の衆議院議員選挙で、民主党（のちの民進党で、現在の国民民主党と立憲民主党の前身）が圧勝し、初の本格的な政権交代が実現したことと深い関係があります。

「コンクリートではなく、人間を大事にする政治」（民主党マニフェスト2009）を高らかに宣言し、念願だった政権交代を成し遂げた当時の民主党にとって、「弱者」にやさしい政党というイメージを、国民にアピールする上でも絶好の機会だったのでしょう。

民主党は、それ以前の自民・公明党による連立政権下で成立した「障害者自立支援法」という法律の廃止をめざし、新たな総合的な福祉法制の実施や、先ほど触れた「障害者権利条約」の締結に向けた国内法の整備などを行うための法制度改革をスタートさせます。

また、推進会議の構成メンバー25名のうち、14名が障害当事者やその家族で占められ、知的障害・精神障害の当事者がその一員に加わっていたのも画期的なことでした。

しかし、結果的には、そのような新法制定は実現することがなく（従来の自立支援法を一部改正するにとどまる形で、2013年に障害者総合支援法が施行されました）、あらためて民主党政権への失望感を増幅させる要因の一つとなったのですが、推進会議で行われた議論や提言そのものは、今後の障害福祉のあり方を考える上でも非常に実り多いものでした。

また、「表記問題」についても、作業チームが設置され、インターネットによる初の全国的なアンケート調査（図表1の「障害の表記の在り方に関するアンケート」／各年代・地域から計9000サンプルによる調査）が行われたほか、当事者団体や有識者、メディア、作家協会などからのヒアリングも行われるなど、活発な話し合いが展開されたのです。

そこで話し合われた内容は、今日の目から見ても、ありとあらゆる論点が出尽くした感のある興味深い議論となりました。

◆「決定することは困難」という結論

さて、結論を先にいってしまうと、さまざまな論点を多角的に検討した結果、第26回推進会議で出された総括は、「決定することは困難」というものでした。

〈Q4〉「障害」の表記に関連して、「障害者」を「チャレンジド(Challenged)」と改めるべきとの意見もありますが、これに対しては障害者の方々等の中から、大きな違和感がある、障害者に対して「挑戦」を強いる印象がある、障害は社会の中にあるという理解にそぐわない、など、否定的な意見も出されています。「障害者」を「チャレンジド」と改めるべきとの意見についてどう思いますか。

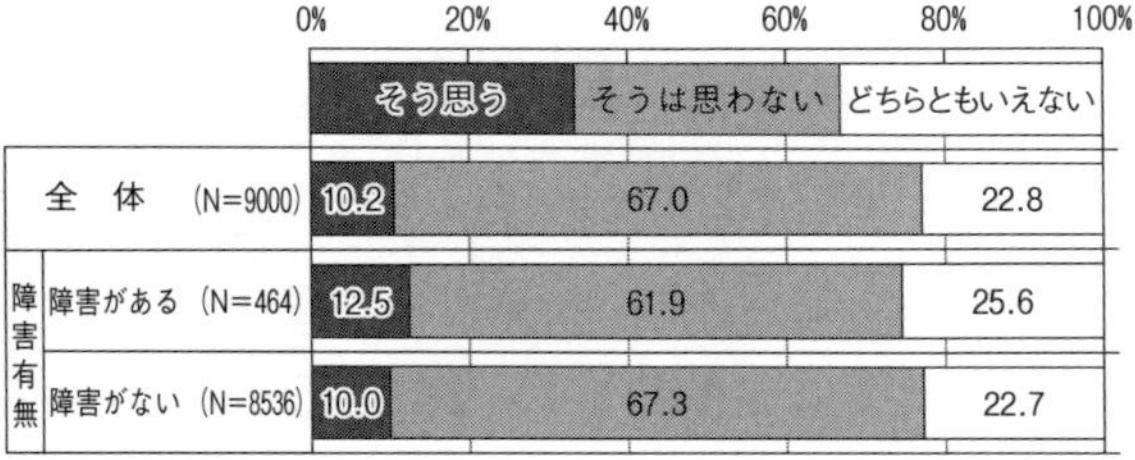

〈Q5〉あなたの考えに最も合っている表記はどれですか。

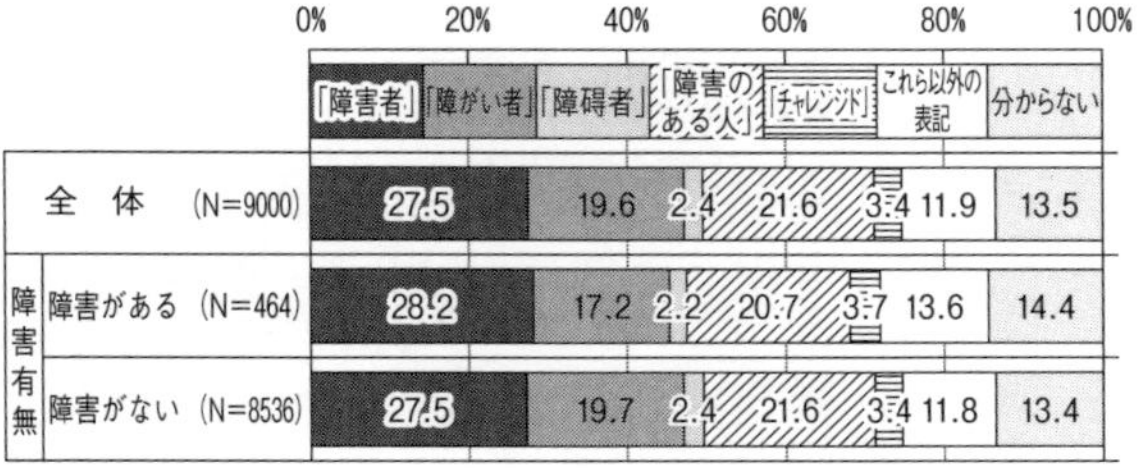

◆図表2／「しょうがい」の表記として、どれがふさわしいと思いますか。(調査期間：2017年8月3日〜13日)

(出典：内閣府実施「障害者に関する世論調査」より)

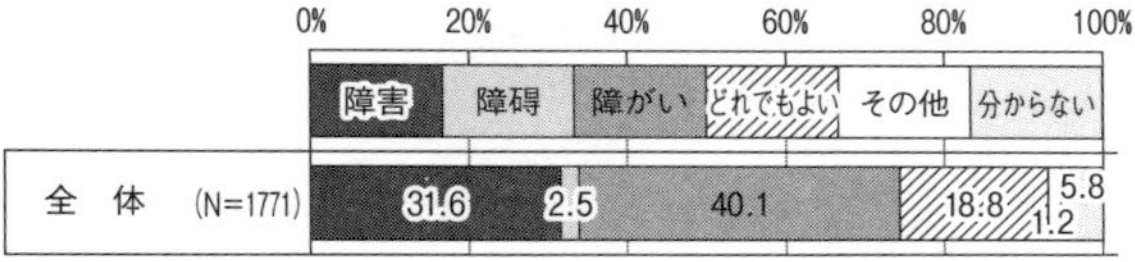

◆図表1／「障害」の表記の在り方に関するアンケート（調査期間：2010年4月16日〜18日）
（出典：「第10回障がい者制度改革推進会議議事次第」より）

〈Q1〉「障害」の「害」の字はイメージが悪く障害者差別につながるので、「障害」の表記を改めるべきとの意見があります。この意見についてどう思いますか。

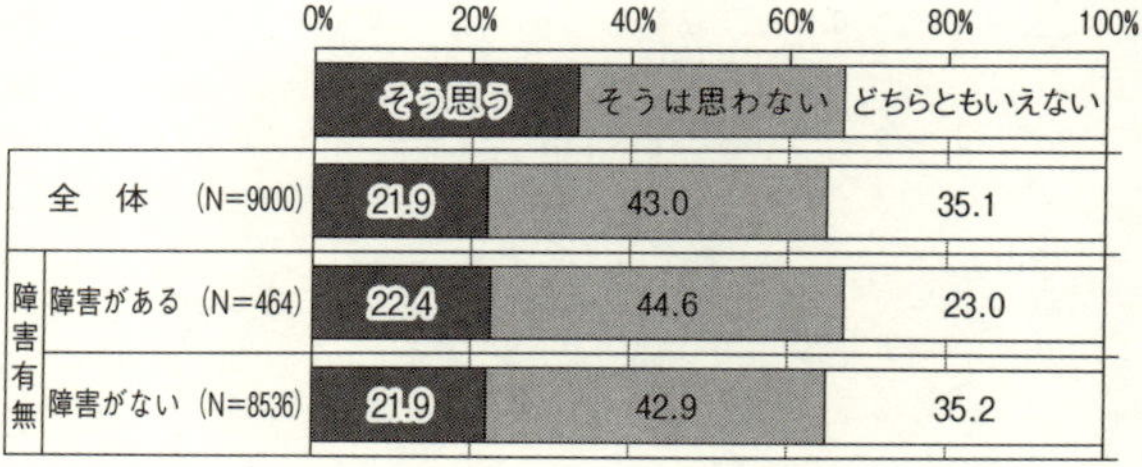

〈Q2〉どのような表記に改めるべきだと思いますか。

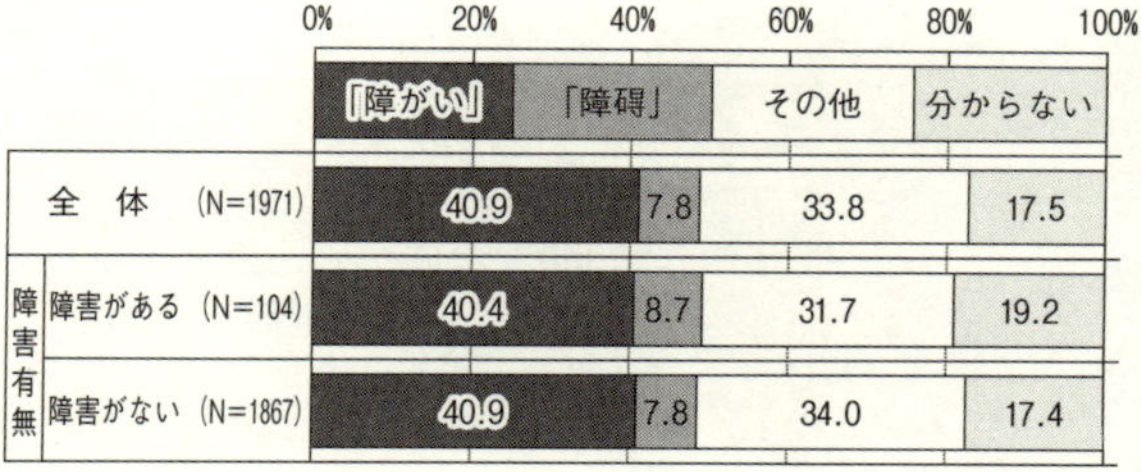

〈Q3〉他方で、障害者の方々の中には、「障害」との表記で定着している、不都合を感じていない、さらには、障害者にとっての障害は社会や人々の意識の中にあるものである、などの理由で表記を改める必要はないとの意見もあります。この意見についてどう思いますか。

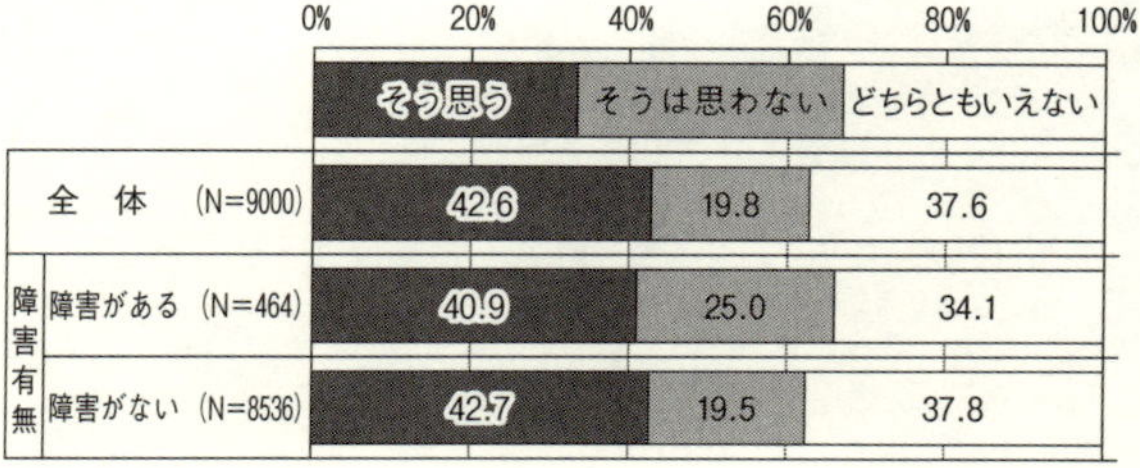

様々な主体がそれぞれの考えに基づき、「障害」について様々な表記を用いており、法令等における「障害」の表記について、現時点において新たに特定のものに決定することは困難であると言わざるを得ない。（略）

法令等における「障害」の表記については、当面、現状の「障害」を用いることとし、今後、制度改革の集中期間内を目途に一定の結論を得ることを目指すべきである。

（「『障害』の表記に関する検討結果について」２０１０年11月22日より）

というわけで、国の法令等における表記は、「当面、現状の『障害』」とされたまま今日にいたっているわけですが、推進会議で明らかになった論点を振り返りながら、この問題を考える上でのポイントを整理してみたいと思います。

まず、この表記問題の本質をとらえにくくしている理由の一つに、表記の変更を求めているのがいったい誰なのかがはっきりしない点があります。

アンケートの〈Q１〉をみてもわかるように、「そう思う（表記をあらためるべき）」と考える人は、障害者・健常者ともに約2割程度にとどまっているほか、「そうは思わない（あらためる必要はない）」と考える人は、むしろ障害者のほうが多いという点も見逃せないでしょう。それでも、障害者・健常者ともに約2割の人が、「障害」という表記はよくないと考えている以上は、あくまで表記の変更を考慮する必要があると考える人もいるでしょう。

しかし、なぜ障害者の側に、現状の漢字表記のままでかまわないと考える人が多いのかを、もっと踏み込んで考えてみる必要があります。

◆「障害」のままでいいのはなぜ？

漢字表記のままでいいという意見では、代表的な当事者団体である「障害者インターナショナル（DPI）日本会議」の主張が、最も首尾一貫したものといえます。

前章で、「障害の社会モデル」という考え方を紹介しましたが、そもそも障害とは、障害者個人に付随した特質（インペアメント）のせいというよりは、その人が暮らしている社会との相互作用によってもたらされるもの（ディスアビリティ）であるという考え方です。

つまり、障害者個人に「障害」があるのではなく、社会の側にこそ「障害」があるのであって、ひらがな表記にすることが障害者への配慮につながるという考え方は、障害を個人の特質とする「障害の医学モデル」の古い考え方にとらわれている証拠であり、賛成できないという主張です。

より簡単にいえば、障害とは、個人にあるのではなく、社会の側にあるのだから、障害を「障がい」と書き換えるのが配慮だと考えるのは大間違いということです。

尾上浩二《おのうえこうじ》委員（DPI日本会議事務局長）の意見

（注／委員の肩書きは当時のものです。以下同様）

障害の社会モデルの考え方に立脚し、「障害」の表記の問題を考えた場合、「害」の字を「がい」に変えることは、妥当であると考えることはできない。社会モデルの見地から考えた場合、「障害者」とは機能障害のある人の社会参加を妨げる社会の側のさまざまな障壁によって、社会参加上の障害をもたされた者、とも見ることができる。一方「害という漢字のイメージがよくない。」、「障害者は、社会や人に害悪を与える存在ではない。」という考えは、障害者個人に焦点を当てている考え方に立脚しているものであり、機能障害をもつ人への社会の先入観や偏見を社会の側が取り除くという発想から来ているものとは考えられない。

（2010年3月19日・第5回推進会議「障害の表記に関する意見一覧」より／以下同様）

ひらがな表記が、障害者に対する「配慮」だと考えている人にとっては、意外な盲点を衝《つ》かれるような主張ではないでしょうか。

DPI日本会議では、一貫して〝害〟をひらがなにすることは、社会の責任をむしろあいまいにすることにつながるとして、ひらがな表記に反対しています。こうした当事者の意見も多いことを、まず私たちは知る必要があります。

また、当然のことながら、〝害〟が問題というなら〝障〟だって問題ではないかという意見や、表記問題より先に、もっと議論すべき本質的な問題がたくさんあるのではないか、という意見も多く出されています。これらはアンケートの〈Q2〉〈Q3〉の結果とも対応する考え方といえるでしょう。

門川《かどかわ》紳一郎委員（全国盲ろう者協会評議員）

「障」という字にも、「さしつかえる」「はばむ」「じゃま」といったような意味がある。すなわち、マイナスイメージを与えるから「障害」の表記を見直すというのであれば、「障害」という言葉（表記）はいずれにしても使えないということになり、平仮名で「しょうがい」と表記することになってしまう。しかし、そのことにどれだけの意味があると言えるのか、疑問である。

大濱《おおはま》眞《まこと》委員（全国脊髄損傷者連合会副理事長）

制度改革に向けた重要課題が山積している現状では、「障害」の表記に拘泥《こうでい》するよりも、優先課題に議論を集中させるべきではないか。

◆「障碍者」「チャレンジド」「障害のある人」

推進会議では、これまで「障がい」と並んで有力な候補だった「障碍《しょうがい》」という表記に関して、従来の通説をくつがえすような歴史的な変遷や意味が明らかになった点も大変興味深いことでした。

これは、推進会議とほぼ同時期に開かれた「文化審議会国語分科会漢字小委員会（2010年4月13日）」において、常用漢字表の見直し作業を行う中で、当時の文化庁主任国語調査官が明らかにしたものです。

従来、「障碍」を支持する多くの人が主張してきた通説というのは――。

●もともと「障害」「障害者」という言葉は、戦前までは「障碍（礙《がい》）」「障碍（礙）者」と表記されていた。

●「碍」という字は、〝石の前に人が悩んでいるさま〟をあらわし、「邪魔をする、さまたげる」という意味で、「害」に比べるとマイナスイメージが小さい。

●にもかかわらず、当用漢字表（１９４６年）に「碍」という字が存在しなかったことから、戦後になって便宜的に「害」という誤った表記に統一されてしまった。

●それゆえ、「碍」を常用漢字表（当用漢字は１９８１年に廃止、常用漢字表に移行）に追加して、従来の「障碍」「障碍者」という正しい表記に戻すべきである。

しかし、当時の主任国語調査官の詳細な報告によると、「障害」は、遅くとも江戸末期には使用された用例があり、「障碍（礙）」こそが本来の表記とはいえないこと。また、「障碍（礙）」は、もともと仏教の用語で「しょうげ」と読まれ、とりわけ平安末期以降は、

「悪魔、怨霊《おんりょう》などが邪魔すること。さわり。障害」などの意味で用いられることがあり、とらえ方によっては、「障害」以上にマイナスイメージが強い言葉であること。さらに、戦前の社会では、心身機能の損傷を言いあらわす場合には、「障害（者）」や「障碍（者）」という言葉ではなく、もっとあからさまな差別的表現を用いることのほうが多く（どんな言葉だったかは明らかにされていません）、むしろ「障害（者）」は配慮ある表現として用いられるようになったことなども報告されました。

そのため、「障碍」こそが適切だという主張は、しだいにトーンダウンすることにもつながりました。

また、推進会議では、そのほかにも、〝挑戦する使命を与えられた人〟という意味をポジティブにとらえた新しい英語である「チャレンジド（the challenged）」や、国連の障害者権利条約で用いられる英語表記（persons with disabilities）の直訳にあたる「障害のある人」といった代替語に対する検討も行われています。

それぞれについての代表的意見は次のとおりです。

大谷恭子委員（弁護士）

「チャレンジド」という表現は、語感としては優れているとの評価もあるが、障害者が挑戦者でなければならないこと自体が不適当であるという考え方も根強くあるため賛成できない。

中西由起子委員（アジア・ディスアビリティ・インスティテート代表）

「障害のある人」の使用は構わないが、あえて言い換えるには及ばない。権利条約での障害者の英語表記（persons with disabilities）は、障害者はまず人間であり、属性として障害があるとの考えで広く使われるようになった。そのため日本語に訳した「障害のある人」では、先ず人であるとの意味合いは出せず、単にもって回った丁寧な表現となるだけである。

◆変化の証しとしての表記問題

いかがでしょうか。考えれば考えるほど、推進会議で「決定することは困難」という結論に達した理由がよくわかるのではないでしょうか。

とはいうものの、今日では「障害」や「障害者」について何かを書こうとするとき、書き手は、まるで〝踏み絵〟を突きつけられるような状況に立たされてしまうのも事実です。

いったん表記問題が「問題化」してしまった以上は、社会から悪いイメージをもたれたくない個人や、とりわけ公的機関や企業、団体、教育機関などを中心に、より波風の立ちにくい無難な選択肢として、「障がい」という表記を選ぶケースも増えています。

近年では、テレビにおいても、「障がい」という字幕（テロップ）を入れる番組が多くなり、それによって、しだいに「障がい」という表記が一般化していくとすれば、それもまた世の必然といえるのかもしれません。

ちなみに、先の「障がい者制度改革推進会議」でのアンケート調査の7年後に行われた「障害者に関する世論調査」（２０１7年）では、「しょうがい」の表記についてふさわしいのはどれかという質問で、「障がい」と答えた人の割合が、最も高くなっていることがわかります（図表2参照／「障がい」が40・1％、「障害」が31・6％、「どれでもよい」が18・8％、「障碍」が2・5％）。

私は、こうした社会の動きにあえて抵抗しようという考えはまったくありません。

しかし、大切なことは、推進会議の委員の発言にもあったように、より本質的な問題をいかに語るかであって、それ以上でも以下でもありません。また、私自身は、「障がい」という表記は、現時点では〝人権派・良識派〟であることを過剰にアピールしているかのような押しつけがましさを感じるため、それを用いることで、かえって書き手の中立性を保てなくなる恐れも抱きます。「障がい」と表記することで、自分は弱者の味方だと〝身の証し〟を立てようとすることほど愚かなことはありません。そのため、本書では、従来どおり漢字表記の「障害」を用いることとしました。

障害者や当事者団体の中には、自ら強いこだわりをもって「障がい」や「しょうがい」「障碍」などの表記を用いる人たちもいますし、たとえば、前にも少し触れましたが、北海道の障害者運動を1970年代から推し進めてきた「札幌いちご会」の小山内《おさない》美智子《みちこ》さんも、2009年（平成21年）に出版した著作以降は、「障がい」という表記を用いるようになっています。私は彼らの気持ちやこだわりを十分に尊重したいし、言葉や表現が人間の認識を変えるという側面があることも決して否定しません。

要するに、書き手は、自分が描く対象となる障害当事者たちがどんな表記を用いているのか、そこにどのような思いを込めているのかを、その都度、吟味《ぎんみ》して判断する必要があるということでしょう。

振り返ると、先の主任国語調査官が発言を差し控えた過去のあからさまな差別的表現とは、おそらく、「不具」「廃疾《はいしつ》」「白痴者《はくち》」といった言葉だと推測できますが、1970年代以前に制定された多くの法律には、それらが法令用語として堂々と用いられているのが現実でした。

しかし、1982年(昭和57年)に施行された「障害に関する用語の整理に関する法律」によって、それらは「障害」という言葉にあらためられました。

その意味では、「障害」という言葉は、それ以前に使われていた表現に比べると、当時としては格段に進歩した〝配慮ある表現〟だったともいえます。

時代とともに、言葉や私たちの意識はどんどん変わっていきます。こうした変化は、何よりも障害当事者やその家族、関係者らの切実な訴えと、それに呼応した社会の理解がもたらしたものであり、いまだ表面的な「表記」にとどまっているとはいえ、それでも前述の『厚生白書』の時代からすると、大きな「進歩」であることは間違いありません。それもまた、障害当事者たちが、私たちの社会を確実に動かした証しといえるでしょう。

第5章

なぜ人と人は支え合うのか

©映画「風は生きよという」上映実行委員会

◆価値を見いだす能力

「屋久島《やくしま》に縄文杉《じょうもんすぎ》ってあるじゃないですか。みなさん、知ってます？　何千年も生きてる立派なスギの木ですね」

脊髄性筋萎縮症《せきずいせいきんいしゅくしょう》（ＳＭＡ）Ⅱ型という難病の当事者で、鼻マスク型の人工呼吸器をつけた海老原宏美《えびはらひろみ》さんが、そう聴衆に向かって語りかけます。

２０１８年（平成30年）７月、札幌《さっぽろ》市内で『風は生きよという』という映画の上映会が開かれました。この映画は、東京・東大和市《ひがしやまとし》で自立生活をする海老原さんを始め、さまざまな地域で人工呼吸器を使用しながら暮らす人たちを追ったドキュメンタリーです。

呼吸器をつけてどんな毎日を過ごしているのか、家族や周囲の人たちはどう関わっているのか――。登場する人たちの肩の力の抜けた、ごく当たり前の日常風景が心にしみ入る映画で、ハデに劇場公開されるような映画ではありませんが、全国でじわじわと自主上映の輪を広げています。

この日は上映後に、映画の主役ともいえる海老原さんと、映画監督の宍戸《ししど》大裕《だいすけ》さんによる対談講演会があるというので出かけて行きました。

ところで、海老原さんのいう「縄文杉」とは、ユネスコの世界自然遺産にも登録されている屋久島に自生《じせい》する、樹齢二千年とも三千年ともいわれるスギの巨木のことです。ずんぐりとした樹形に渦《うず》を巻くような幹や、樹皮に深く刻まれたシワが、何とも神々《こうごう》しい屋久島のシンボルであり、毎年多くの観光客が島を訪れては、片道4～5時間の登山をしてようやくこの樹《き》にたどり着きます。

「で、すごい立派な縄文杉を見て、自分はなんてちっぽけなことで悩んでいたんだろうとか、明日からまた頑張ろうって勇気をもらって帰って行く人が多いらしいです」と海老原さん。

「でも、よく考えてみると、ただの1本の木なんですよね。数千年も枯れずに生きてててすごいなとは思いますけど、別にスギの木が、何かアドバイスをくれるとか、励ましてくれるわけじゃないですよね。なのに、まったく言葉も話さない、そこに生《は》えてるだけの木から、人間の側が勝手にメッセージを受け取って、勇気をもらって帰っていくんですよ」

たとえば、富士山だって同じことではないかと海老原さんはいいます。

「すごいきれいな富士山が見えたとき、『ああ、なんか今日はいいことありそうだ、ラッキー！』とか思う。でも、あれも、ただ地面が盛り上がってるだけなんですよ（笑）。そうでしょ、よく考えてみたら――。まあ、うまい具合に盛り上がったものだなとは思いますけど、そこに価値を見いだして、感動したりしているのは人間の側なんですよ。

だとしたら、目の前に存在している障害のある人間に対して、意思疎通ができないからといって、何の価値も見いだせないっておかしくないですか？（笑）
それは、障害者に『価値があるか・ないか』ということではなく、『価値がない』と思う人のほうに、『価値を見いだす能力がない』だけじゃないかって私は思うんです」

なるほど、ここには植松被告（現・死刑囚）やあの事件に対する、あざやかな反論があるなと私は思いました。

つまり、第1章で触れたように、「障害者って、生きてる価値あるの？」「障害者なんていなくなればいい」などという植松被告のような人は、物事を多角的にとらえ、そこに自分なりの価値や意味を見いだしていく能力が低いことを自己告白しているようなものです。

また、そうした能力は、日々の生活の細部を深く味わったり、幸福を感じとったりする能力ともつながっていて、彼らの日常を貧しく、色あせたものにしているに違いありません。

だからこそ、日々のうっぷんを晴らす標的を見つけては、インターネットなどに憎悪をまき散らしているのではないか。それは突き詰めると、自分自身に向けた憎悪ではないのか……などさまざまな想像もふくらみます。もちろん、一つの考え方にすぎませんが、にもかかわらず、ここにこそ真実があるのかもしれない、と思わせるような説得力があります。

とても大切な考え方なので、再度繰り返しになりますが、ぜひ彼女自身の文章で、じっくり味わい直してほしいと思います。じつは海老原さんは、2017年（平成29年）に、長年の地域における障害者の自立を支える活動が評価され、「東京都女性活躍推進大賞」という賞を受賞した経歴があります。その贈呈式の際に、賞の主催者である小池百合子《ゆりこ》東京都知事に、知事の秘書を介して、次のような手紙を渡しました。

長い文章なので一部を抜粋《ばっすい》しますが、全文は、映画『風は生きよという』の公式サイトに公開されているので、興味のある人はぜひ読んでみてください。

私たち、重度障害者の存在価値とはなんでしょうか。

私は、「価値のある人間と価値のない人間」という区別や優劣、順位があるとは思いません。価値は、人が創り上げるもの、見出《みいだ》すものだと信じているのです。

樹齢千年の縄文杉を見て、ただの木でしかないのに感動したり、真冬、青い空に映《は》える真っ白な富士山を見て、ただの盛り上がった土の塊《かたまり》にすぎないのに清々《すがすが》しい気持ちになれたりと、価値を創《つく》り出しているのは人の心です。これは、唯一人間にのみ与えられた能力だと思います。

そう考えるとき、呼吸器で呼吸をし、管で栄養を摂《と》り、ただ目の前に存在しているだけの人間をも、ちゃんと人間として受け入れ、その尊厳に向き合い、守っていくことも、人間だからこそできるはずです。それができなくなった時、相模原《さがみはら》であったような、悲惨な事件が起こってしまうのではないでしょうか。

あるのは、「価値のある人間・ない人間」という区別ではなく、「価値を見出せる能力のある人間・ない人間」という区別です。

私たち、重度障害者の存在価値とはなんでしょう。

重度障害者が地域の、人目につく場所にいるからこそ、「彼らの存在価値とはなんだろう?」と周囲の人たちに考える機会を与え、彼らの存在価値を見出す人々が生まれ、広がり、誰もが安心して「在《あ》る」ことができる豊かな地域になっていくのではないでしょうか?

重度障害者が存在しなければ、そもそも「なぜ?」と問う人も存在せず、価値観を広げる機会自体を社会が失うことになります。

それこそが、重度障害者の存在価値ではないでしょうか?

重度障害者は、ただ存在しているだけで活躍しているとは言えませんでしょうか？
私は、そういう意味で、重度障害者の活躍の場を、社会の中に作っていきたいのです。
どんな重度の障害者でも、安心して地域に在ることができる社会にしたいのです。

小池都知事に宛《あ》てたこの手紙は、東京新聞などで大きく報じられたほか、海老原さんが自身のフェイスブック上でも公開し、多くの人の共感、賛同を呼びました。

手紙を受け取った小池都知事からは、「思いはしっかりと届いています」と海老原さん宛てにメールがあったほか、定例記者会見では、「大変な才能を発揮している。一つの希望であり、いいモデルを示してくださった」と語り、海老原さんの問題提起などを予算案に生かしたと答えたそうです（2017年2月25日東京新聞）。

いずれにせよ、障害のある当事者にしかいえないことをシンプルかつ明快に表現しており、誰もが深く胸に刻むべき言葉であり、発想であると私は思っています。

◆愛情あふれる放任主義

海老原さんは1977年（昭和52年）生まれなので、現在40代です。生まれも育ちも神奈川県川崎市なのですが、２００１年（平成13年）、24歳のときから、現在の東京都東大和市で自立生活をスタートしました。

私が海老原さんと出会ったのは、今から10年ほど前のことで、鹿野《しかの》さんともつながりが深かった札幌の「ベンチレーター（人工呼吸器）使用者ネットワーク」（代表・佐藤きみよ）という団体が20周年のパーティを開催した際、海老原さんが東京からシンポジストとして招かれたことによります。すでに当時から、海老原さんの行動力と存在感の大きさは、当事者や関係者の間では広く知られていました。以来、たびたび顔を合わせる機会があったのですが、彼女がどんな人生を歩んできたのか、一度ゆっくり話を聞いてみたいとつねづね思っていたのです。

そこで、前述の上映会に出かけて行ったり、その翌月には私の東京出張のついでに、東大和市の彼女の自宅を訪れたのです。そのときも、直前に北海道北見市《きたみし》での上映会があったことから、宍戸監督もいて、一緒に遅くまでビールや日本酒を飲みながら話し込みました。

ところで、「知事への手紙は、どうして渡そうと思ったの？」と私がたずねると、彼女はこういいます。

「最初、賞をもらうこと自体、なんかシャクな感じがして……。ただヘラヘラしてもらいに行くのは嫌だなと思ったんですよね。だけど、知事に直接会う機会なんてめったにないし、あ、そうだ、手紙でも書いて渡そうって思ったんです」

そして、深夜の1時過ぎから朝の5時頃までかかって、「腕の筋肉を壊しながら」、便せん5枚にわたる自筆の手紙を書き上げたそうです。

「でも、話題になった反動で、逆にネガティブな意見はこなかった？　バッシングとか」

「いや、とくにないですよ」

「どうせ売名行為だろ、うぜぇーとか」

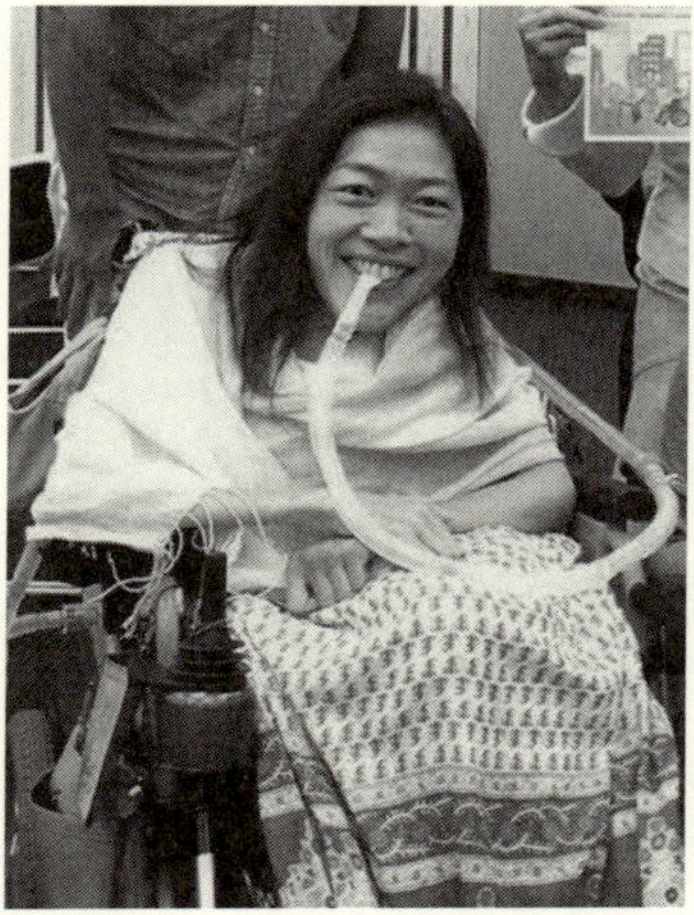

マウスピース型の人工呼吸器を使用する海老原宏美さん

「ないです、ないです」

そういって、意に介さずという表情で笑う彼女ですが、以前、ネットで彼女への誹謗中傷《ひぼうちゅうしょう》を目にして、私は一人で怒りを募らせていたことがあったのです。

横で聞いていた宍戸監督が、「海老原さんって、すごいポジティブなんですよ。一緒に上映会で話をする機会が多いんですけど、同じお客さんの感想を聞いても、海老原さんは、ほめられたところだけクローズアップして受け取る人なんですよ。ぼくは1カ所でもけなされると、それが耳から離れなくて、やっぱ評価低かったなあって落ち込むタイプで」

私も、どちらかというと、宍戸さんタイプなので、笑って共感しつつ、「要するに、コップに水が半分あったとして、『まだ半分もある』と思うのが海老原さんで、『もう半分しかない』って焦るタイプが、宍戸さんやぼくなんだろうね」

つねにプラス思考であること、そして、少々のことではメゲない打たれ強さが、海老原さんという人間の特質といえるのかもしれません。

というのも、脊髄性筋萎縮症は、ALSと同様に、運動ニューロン（運動神経系）が障害を受け、しだいに筋力がやせ細っていく進行性の疾患です。彼女は1歳2カ月のときに、そう診断されて以来、幼少期から車いす生活となり、25歳で人工呼吸器を使うようになりました。ここ数年で考えても、映画撮影時（2014年）から比べると、筋萎縮がさらに進行し、胃ろう（胃に直接栄養を投与する療法をいいます）を造設しています。

つねに命の刻限を突きつけられるような過酷な境遇が、彼女特有のポジティブさを培《つちか》ったのでしょうか。もっとも、同じ病気でも人によって性格はいろいろですから、もともとの資質もあるのでしょうが。

海老原さんは、1977年（昭和52年）生まれと前に書きましたが、歴史的にみると、その2年後の1979年（昭和54年）に、「養護学校義務化」と呼ばれる日本の学校制度の改革が行われました。

どういう改革だったかというと、それまで重度の障害児は、重い障害があるという理由で、「就学猶予《ゆうよ》」や「就学免除」の名のもとに、ろくに義務教育すら受けられない状況にありました。そのため、全国各地に「養護学校（現在の特別支援学校）」を設置して、すべての障害児が適切な教育を受けられる環境が整備されるようになったのです。

しかし、同時にこの改革は、障害児を健常児から分け隔て、社会から障害児の存在を見えにくくすることにもつながりました。

「そのとき、うちの母親はどういう判断をしたかというと、とにかく地域にいるんだから、地域の普通学校に行くのが当たり前でしょうと。そういうシンプルな信念で戦い始めたんですね（笑）」

いわゆる「分離教育」が進むなかで、海老原さんは小中高、そして大学にいたるまで、ずっと地域の普通学校で学ぶことを貫きました。そこには、海老原さんの母・けえ子さんの類《たぐ》い稀《まれ》な強い意志がありました。

けえ子さんは、海老原さんにいわせると、「普通のちっちゃいおばちゃん」で、別に特別な教養や能力があるわけでもないそうですが、「障害があろうがなかろうが、子どもは地域で一緒に育つもの」という強い信念で、校長室でも教育委員会でも市役所でも一人で乗り込んでいくバイタリティがあったそうです。

それに対して、当時の学校や教育委員会の対応はどうだったかというと、「前例がない」「何かあったとき責任をとれない」「他の子どもたちに迷惑がかかる」などの理由で反対をし続けますが、交渉のすえ、「学校では面倒みれませんから、母親の付き添いは絶対ですよ」という条件を飲むことで、入学を許可されます。

そして、入学式が終わって教室に入ると、教卓の前が海老原さんの席で、けえ子さんがその隣。さらに、まわりの床には半径1メートルくらいに赤いビニールテープが貼られていたといいます。「触《さわ》って転んだら大変だから、他の子はテープ内に立ち入り禁止」という、今の感覚からすると、悪い冗談のような〝教室内隔離〟の状態からスタートしました。

しかし、そこから、けえ子さんの大胆な作戦が始まります。仮病《けびょう》などを口実に、だんだん

「母親の付き添いは絶対」という条件をうやむやにしていく〝暴挙〟に出たのです。

「母親がいないから、担任が介助をせざるをえないのですが、介助といっても、車いすを押すとか、その程度の介助なんですよ。で、やってみたら、ぜんぜん大したことなかった。時間をとることでもなかった。だから、先生たちも安心して、じゃあ、お母さん、普段はいなくていいですから、お昼のトイレのときだけ来てください、体育の着替えのときだけ来てください、そうやって、だんだん親の付き添いから解放されていったんです」


現在でも、障害児が地域の普通学校に通うには、何かと気苦労が絶えません。

今の日本においては、タテマエ上は、「障害者差別解消法」という法律が制定され、2016年（平成28年）4月から施行されています。たとえば、その第1条には、

「全ての国民が、障害の有無によって分け隔てられることなく、相互に人格と個性を尊重し合いながら共生する社会の実現に資《し》すること」

と明記されていますから、普通学校に進学するか、特別支援学校に進学するかは、誰でも自由に選択できる権利が保障されているはずです。

にもかかわらず、日本の社会においては、権利を主張しようとすると、とたんに周囲が冷

酷さをむき出しにします。また、障害児のいる家庭は、親が自分の人生を捧《ささ》げて、一生、子どもの面倒を見るべきだという「家族介護」信仰も根強く、普通学校に通うことでさえ、「親のエゴ」と見なされ、「まわりの迷惑考えろや」「モンスターペアレントか！」「テメエのカネで介護者雇えや」とすぐバッシングの標的になりがちです。

「普通学校に入るか入らないかって、小さな子どもは自分の意志で選択できるわけではありませんから、そこは親が判断することになってしまうんですけど、私の場合は、母親がそういう選択をしてくれて本当によかったと思うんですね。障害への理解がない学校に、私を一人だけ残して帰るというのは、なかなかできることじゃないですけど（笑）、今は、そういう母親のもとで育ってよかったと実感することがいっぱいあります」

◆「人サーフィン」で生きる

そして、その後の彼女の生き方を形づくったともいえるのが、「人サーフィン」です。

何のことかというと、母親の来なくなった学校で、海老原さんは朝学校に着くと、通りがかった見ず知らずの生徒に、「私の教室は3階なんですが、上まで私を運んでもらえませんか？　私の車いすを持ち上げるには4人必要なので、あと3人そろうまで、ちょっと待っててもらえます?」と声をかけることから始まります。

部活は、合唱部でしたが、毎日の練習はもちろん、夏休みの強化合宿などでも、トイレや食事、入浴、着替えなど、すべて友人たちが介助してくれるようになります。

自分には何ができなくて、どこをどう手伝ってほしいのかを的確に伝えることで、だんだん周囲の人たちを介助に巻き込んでいく力を身につけていったのです。

海老原さんは、こうした生き方のスタイルを「人サーフィン」と名づけ、外出時には、通りすがりの通行人をつかまえて、「すみません、○○駅までの切符を買いたいのですが、手伝ってもらっていいですか?」「切符が買えたら、駅員さんを呼んでもらえませんか」とそこでも見知らぬ人を次々と介助に巻き込んでいったといいます。

海老原さんは、2015年(平成27年)に、けえ子さんとの共著『まぁ、空気でも吸って』(現代書館)を刊行しましたが、その中にはこうあります。

> 人に何かをやってもらうのは、傍《はた》から見れば楽をしているように見えるかもしれませんが、とんでもないことです。ものを頼むというのは、生きていくなかでももっとも神経をすり減らす作業の一つです。気持ち良く手を貸してくれる人ばかりではありません。

明らかに気づいているのに無視されることもあります。その時の「あぁ……あの人にとっては私の存在は迷惑だったんだなぁ」というやるせない凹《へこ》んだ気持ちを、瞬時に切り替えて、次のターゲットを狙《ねら》うわけです。それを何百回、何千回と繰り返していくなかで、顔や態度を見ただけで、その人が手伝ってくれるかどうか、瞬時に見分ける術《すべ》なども身につけました（笑）。疲れる作業でしたが、自分という存在が、直接他者とつながる喜びには代えられない、という楽しさがありました。

（海老原宏美・海老原けえ子『まぁ、空気でも吸って』より）

海老原さんは、障害者への理解がある特別支援学校に進学するのではなく、最初からバリアの多かった地域の普通学校に進んだことが、のちにバリアだらけの社会で生きていくための基礎的な力を身につける、絶好の機会になったといいます。

「普通は、通行人に声をかけて無視されるとヘコむよね。ティッシュ配りのアルバイトでさえ、誰も受け取ってくれないと、ヘコむもんね」

私がそういうと、宍戸さんもうなずいて、「ぼくもチラシ配ってて、パーンとかはじかれると、かなりヘコみますね」

どうやら、私と宍戸さんは、完全に似た者どうしです。

ちなみに、宍戸監督は1982年（昭和57年）生まれで、海老原さんより若い30代。とても人当たりがよく、さわやかな風貌《ふうぼう》をした好青年ですが、これまで環境問題や東日本大震災などをテーマにした硬派なドキュメンタリー映画を撮り続けてきた熱血漢でもあります。私とは、ともにフリーランスで仕事をしている共通点もあって、初めて会ったときから妙に親近感が湧《わ》く人でした。

私が、海老原さんに、「やってるうちに、だんだん強くなったのかな」とたずねると、

「多少は強くなってるんじゃないですか。だけど、最初から、すっごいメゲるってこともなかったです。世の中には、いろんな人がいるからね。はい、次って（笑）。自分がこんなだからダメなんだって思ったこともないですね」

「いいなあ。どうやったらそうなれるんだ？」

私と宍戸さんが顔を見合わせて笑います。

◆人生初の障害者運動を体験

そんな海老原さんですが、大学の就職活動時には初めての挫折《ざせつ》を経験しました。

「どんなに就職活動をしても、一般の会社からはまったく相手にされなくて、エントリーシートの時点で受け付けてもらえないんです。ずっと勉強はそこそこできて、点数もとれてたのに、いざ社会に出ようとしたら、成績なんてぜんぜん関係ないんだなと……。障害者は、世の中からまったく必要とされてないことを初めて実感したんですよ」

社会での自分の居場所がわからなくなってしまった海老原さんは、しばらく実家にひきこもるようになります。

そんなとき、「えびちゃん、ヒマしてるなら一緒に韓国行かんか？」と声をかけてくれたのが、高校時代に障害者向けのイベントで知り合った兵庫県西宮市《にしのみやし》にある「メインストリーム協会」という自立生活センターでした。

この団体は、1989年（平成元年）に設立された関西では歴史のあるセンターで、とりわけ協会理事で、脳性まひの障害がある玉木《たまき》幸則《ゆきのり》さんは、NHKのバラエティ番組『バリバラ——障害者情報バラエティー』に出演するなど有名な存在です。

「日本と韓国の障害者とその仲間で、釜山《ぷさん》からソウルまで500キロを野宿しながら歩いて縦断する旅やで。みんなで、障害者も暮らしやすい街にしていくために、アピールしながら一緒に歩くんや。おもろいで！」

そこで、海老原さんがすぐに、けえ子さんに相談してみると、

「へえ、おもしろそうじゃない。行ってきたら？」

「韓国を歩いて縦断するんだよ。500キロ。しかも野宿だよ？」

「そういう経験、なかなかできないでしょ」――以上。

相変わらずの愛情あふれる放任主義で、親から反対を受けることもなく、韓国へ渡ることになったのです。

それは2001年（平成13年）のことでした。その翌年に、日韓共催のサッカー・ワールドカップの開催が予定されていたことから、韓国じゅうで、新しい競技場建設や道路網などのインフラ整備が急ピッチで進められていました。

しかし、当時の韓国は、かつての日本がそうだったように、まちなかのいたるところに段差がありました。そこで、「日韓TRY2001」と名づけて、日韓の障害者30名ほどが協力し合い、約1カ月かかって韓国を徒歩で縦断しながら、バリアフリー調査をして当事者としての要望を行政や住民に訴えたり、「障害があっても、まちへ出たい！」とアピールすることを目的とした旅だったのです。

「とにかく楽しかったですね。当時の韓国は、まちで障害者を見かけることがほとんどなく

て、歩けない人は家にいたし、出かけたくても車いすを持ってないし、家族に障害者がいるのが知られると、きょうだいの結婚や就職に差し障《さわ》りがあるという時代でした。

　私たちが30人くらいで、バリアフリーじゃないお店に入って行くんですけど、すごく物珍しがられるんです。最初は入れないって断られるんですが、どうしてもここで冷麺《れいめん》を食べたいんだって交渉をしたり、お座敷しかないようなお店でも、お座敷用の低いテーブルを2つ重ねれば、ちゃんとテーブルになるよっていうと、お店の人も感心して、今度からそうやって対応してみるねっていってくれたり……。嫌がられるから、迷惑かけるから行くのよそう、ではなくて、たとえ不便でも自分がこうしたいってことをはっきり訴えることで、人が変わったり、まちが変わっていくのを、その1カ月間ですごい実感したんです」

　この「日韓TRY」は、海老原さんにとって、人生で初めての「障害者運動」の体験となりました。それまでの彼女にとって、障害者運動といえば、ハチマキをしてプラカードを掲げ、健常者に敵対してシュプレヒコールを上げるというイメージしかなく、どうにも関心を持つ気になれなかったそうです。

　しかし、韓国での体験を通して、「楽しい障害者運動もあるんだ。いや、むしろ、障害者運動というのは、楽しく行うべきものなんだ。そして、障害者が地域で生きるという実践自体が、障害者運動なんだ！」ということを身をもって知るようになりました。

まちの人に、まずは自分たちの存在を知ってもらうこと。そして、人目につく場所にどんどん出かけ、地域で普通に生活する実践を積み重ねていくこと。それによって、人が変わり、地域が変わり、社会が変わっていくことのおもしろさに目覚めた瞬間でした。

◆「自立生活センター東大和」の設立へ

韓国の旅で「障害者運動」に目覚めた海老原さんは、すぐさま実家のある川崎市とは別の地域で、自立生活をスタートする決意を固めます。

それは、いかにも海老原さんらしい決断でもありました。

というのは、第3章で詳述したように、1970年代から活発な障害者運動が行われていた地域では、すでに1日24時間の公的介護保障が実現しつつあった時期でしたが、海老原さんは、あえてそうした先進地ではなく、まだ自立生活の実績がない地域で、イチから実績を積み重ねていく試みに挑戦しようとしたのです。

「そのほうが、絶対おもしろいですよ。すでに誰かが道を切り開いてくれたところで生活するなんて、つまらないじゃないですか」

と海老原さんはいいますが、ちょうどその頃、東大和市に、市内初の自立生活センターを開設するという動きを耳にし、海老原さんもその設立メンバーに合流します。そして新天地を東大和市に定めることにしたのです。

東大和市は、東京都内では一般に「多摩《たま》地域」と呼ばれるエリアの北部に位置しています。東京というと、どうしても東京23区（特別区）を思い浮かべる人が多いと思いますが、それ以外にも、多摩地域に30の市町村があり、さらに島嶼部《とうしょぶ》（伊豆《いず》諸島・小笠原《おがさわら》諸島）もありますから、東京都は意外と多様性のある自治体といえます。

そんな中にあって、東大和市は、都心へのアクセスがいいわりに、市の人口は9万人弱とほどよい田舎感のあるまちです。

「でも、すごく保守的なところがあって、いまだに親が倒れるまで障害児を抱え込んで、倒れると施設に入れちゃうというパターンが多くて、『人様に迷惑かけるなんてとんでもない』っていう考え方も根強いんですよ」

市当局も、当初は、自立生活センターの進出に強い警戒心を抱いたそうで、権利主張の激しい〝過激〟な障害者がどんどん乗り込んできて、何をしでかすかわからない、などと戦々恐々としていたのでしょう。

そこで、海老原さんは、最初から表に立つのではなく、まずは東大和に住んでいる障害者や、親の会、共同作業所などを結ぶ情報共有や相談の場をつくり、「東大和障害福祉ネットワーク」という組織を立ち上げて、地域にどんなニーズや課題があるのかを掘り起こすことから始めます。

代表に就任した海老原さんは、その設立趣旨についてこう書いています。

ネットワークは、市民と行政とのつながりを作っていくことにも力を注ぎたいと思っています。自分たちの要望を主張するだけでは対立以外の何ものをも生み出しません。相手の意見にも耳を傾け、納得のいくまで議論をし、お互いに提言をしていけるような関係を築いていきたいです。

（東大和障害福祉ネットワーク・公式サイトより）

前にも書きましたが、障害者の自立を支える制度は、そこに住む障害者たちが、自ら声を上げて、行政と粘り強い交渉を行っている地域では充実していく一方で、そうでない地域では遅れるという現状があります。

当然、どんな地域にも障害者は住んでいるのですが、声を上げなくては、ニーズそのものが「ない」と見なされ、行政が積極的に制度の活用を推奨《すいしょう》することはめったにありません。黙っていれば、旧態依然とした「施設型福祉」によって、重度障害者は、地域から隔離されてしまうのです。

◆自立生活センターと地域経済

2001年（平成13年）3月、「自立生活センター東大和」が設立され、東大和市を始め、武蔵《むさし》村山《むらやまし》市や東村山市《ひがしむらやまし》などの近隣市に、さまざまなサービスを提供するようになります。

自立生活センター東大和では、通常は「ヘルパー」とか「介助者（介護者）」と呼ぶ人たちのことを、「アテンダント」と呼んでいます。

「ヘルパーって、なんか響きがカッコ悪いじゃないですか。家政婦さんみたいだし」と海老原さん。「もともとメインストリーム協会の人たちが、そう呼んでいたのですが、私は〝メインストリームっ子〟だし、うちでもそう呼ぼうということになったんです」

従来の古いイメージを打ち破り、もっと新たな関係性を築いていきたいという、海老原さんなりの意欲のあらわれなのかもしれません。

ところで、現在、自立生活センター東大和では、理事長を務める海老原さんを始め、障害当事者を中心とする有給スタッフが約10名いるほか、さらに約40名のアテンダントを雇用して、周辺地域に住む約50名の利用者にアテンダントの派遣事業を行っています。

また、自立生活の具体的なノウハウを提供する「自立生活プログラム」や、「ピアカウンセリング」の実施、あるいは、「重度訪問介護従事者」という資格取得のための東京都指定の養成研修や、リフト付き車両による有料移送サービスなど、事業内容は多彩です。

全国に100カ所以上ある自立生活センターの中には、100名以上のスタッフや介助者を雇用して事業を行っているセンターも珍しくありませんから、東大和は中堅どころの規模といえますが、それでも、れっきとした「経済活動」を行う点では変わりありません。


この「経済活動」ということの意味をもう少し細かくみてみましょう。

それというのも、「海老原さんがいるせいで、自立生活をする重度障害者が増えて、東大和市の財政が圧迫されている」などといわれることがあるそうですから、こうした考え方が、果たして正しいのかどうかを、よく吟味してみる必要があります。

たとえば、アテンダントの派遣事業だけをとってみても、国や地方自治体から障害者に支給される公的介護料（介護報酬《ほうしゅう》）というのは、なにも障害者がふところに入れて私物化しているわけではありません。そのお金の大部分は、雇用したアテンダント（健常者）に支払われる人件費となり、残りは事業所の運営資金や、運営者である海老原さんら障害当事者を中心とした有給スタッフの給与や役員報酬となります。

給与としてふところに入れているという意味でいうなら、障害者より、むしろ比率の多い健常者のほうでしょう。また、雇用があるからこそ、アテンダントたちもその地域に住み、給与の中から所得税や住民税、社会保険料などを支払い、地域で家庭を築いたり、地域で消費をしながら日々の生活を営むわけですから、東大和市にとってはマイナスどころか、大きなプラスのはずです。自立生活センターがなければ、それらが丸々消滅することになり、そちらのほうが地域経済にとってはマイナスです。

また、自立生活センターは、一般就労が難しい重度障害者の働く場として大きな意味がありますし、当事者の目線で、利用者が本当に望むサービスを提供することで、地域の福祉水準がアップするだけでなく、市民どうしのつながりや、信頼関係の豊かさ（ソーシャル・キャピタルと呼ばれたりします）の向上にもつながっています。

地域経済というのは、そうした広いつながりの中で見ていかなくてはいけません。

ちなみに、国の規模でみると、「障害福祉」には、年間どれくらいのお金がかかっているのかというと、２０１９年度（令和元年度）の障害福祉サービス関係費は、約1兆6千億円です。

これは、果たして「高い」のでしょうか、「安い」のでしょうか。

もちろん、1兆円を超えるお金が「安い」はずはありませんが、国の一般会計（同年度の歳出総額）と比較すると、そのうちのわずか1・6％にすぎません。

ちなみに、日本の社会保障関係費のうち、その7割を占めているのが「年金」（35・8％）と「医療」（35・3％）です。そして、残りの3割が高齢者の介護と「福祉その他」となっています。「障害者にかかるお金」は、社会保障関係費全体（約34兆円）と比較しても、４・８％と決して高くありません。

また、これもよく指摘されることですが、国際比較をしてみると、日本における障害者関係の公的支出は、ＯＥＣＤ諸国の中ではきわめて低い水準にあります（対ＧＤＰ比におけるＯＥＣＤ諸国の平均値が2・0％なのに対し、日本は1・0％／Public spending on incapacity, OECD DATA 2019）。

そのため、せめて日本の障害福祉予算の水準を、ＯＥＣＤ諸国の平均値並みに引き上げることが、第4章で触れた民主党政権下における「障がい者制度改革推進会議」での議論の一つでした。そうしたことも、ぜひ知っておいてほしいと思います。

にもかかわらず、植松被告が主張していたように、「重度・重複障害者を養うことは、莫《ばく》大《だい》なお金と時間が奪われ」るとか、「自分で自分のことをできない障害者や老人は、社会のお荷物なので早くいなくなってくれたほうがいい」というような考え方にとらわれる人は少なくありません。それによってコストが削減できる、財政負担がもし減ると仮定したとしても、消える雇用や内需《ないじゅ》や、人と人の結びつきをどう埋め合わせていくのかという視点を欠いた、ただの暴言・雑言《ぞうごん》というしかありません。

経済や社会のつながりを無視して、ただいなくなればいい、死ねばいい、殺せばいいという考えは、これもまた知性や人間性のなさを自己告白しているのと同じです。

◆居宅介護事業所って何だろう?

このように、重度の障害者たちが、自ら障害福祉サービスを提供する事業を行い、経済活動を行っていることを、多くの人たちはまったく知りません。

こうした仕組みは、2003年（平成15年）に「支援費制度」という制度が成立して以降、全国的に広がるようになりました。それ以前は、福祉事業にたずさわれるのは、行政や大きな社会福祉法人などが一般的だったのですが、当時の小泉政権の「官（公）から民へ」という政治的な流れに乗じて、障害当事者たちが粘り強い運動を展開していきました。それによって、民間の小さな障害者団体でもＮＰＯ法人格などを取得して、福祉サービスの提供を行えるという仕組みを獲得していったのです。

このことは、鹿野さんの例で考えてみると、わかりやすいかもしれません。

鹿野さんは、あいにく支援費制度が施行される前年に亡くなってしまいましたが、もし生きていれば、ただちに法人格取得と福祉事業に乗り出したのは間違いないでしょう。

すると、どうなっていたかというと、それまで無償労働していたボランティアたちを、鹿野さんが設立した事業所のヘルパーに登録することで、その労働に対して、行政から介護報酬が支払われるようになるのです（ただし、ヘルパー登録するには、重度訪問介護従事者や介護職員初任者研修修了者などの有資格者である必要があります）。

今日、どこのまちでも、あちこちに「居宅介護支援事業所」や「在宅介護支援センター」などの看板を掲げた事業所が目に入りますが、そうした事業所のトップ（経営者）に、重度の障害当事者が就任して、自分が雇用するヘルパーに自分の介助をしてもらうと同時に、地域で介助を必要とする人に、自ら育てたヘルパーを派遣するわけです。

本書でいえば、第1章で紹介した橋本みさおさんや天畠大輔《てんばただいすけ》さんも、同様の仕組みで居宅介護事業を行っています。このアイデアを最初に切り開いたのは、第3章でも詳述した「自立生活センター」でした。その中心を担った中西正司《しょうじ》さんが語っていたように、まさに「資本主義社会の論理を逆手に」とったアイデアだといえます。

もちろん、事業所運営には、経営者としての資質が不可欠ですから、誰にでも簡単にできるというものではありません。私の親しい障害者の中でも、経営に行き詰まって事業を断念したケースがいくつかあります。しかし半面、古くから自立生活を行ってきた人たちの多くが、順調に事業所運営を行っていることからして、彼らの能力が、並みの健常者をはるかにしのいでいたことが証明された結果ともなっています。


「自立生活センターができて、東大和市は変わった？」

私が聞くと、海老原さんはこういいます。

「めっちゃ変わりました。とくに障害福祉課は（笑）。

私がここに来たときは、市の職員は、障害者に対して〝赤ちゃん言葉〟を使ってましたからね（笑）。私たちは、単なる〝保護の対象〟でしかなかったんです。それが今では、障害福祉で何か新しいことを決めるなら、まず障害福祉ネットワークの人たちに聞かなくちゃっていう信頼関係ができてきましたし、『障害者差別解消法』が施行されるときにも、私たちが市から依頼されて、役所の職員研修の講師を務めたりもしましたから」

「そっか、当事者のほうが詳しいし、よく勉強してるからね」

こうした市民と行政の信頼関係や、人と人との結びつきもまた、東大和市にとっての大きな財産に違いありません。

ちなみに、海老原さんは、横浜市にある東洋英和女学院大学（専攻は臨床心理学）を卒業していますが、2013年（平成25年）には通信課程のある大学に再入学し、翌年、社会福祉士の国家資格を取得。文字どおりの専門家でもあります。

◆自薦登録ヘルパー制度って何だろう？

海老原さんは、学校時代の「人サーフィン」がそうだったように、自立生活をスタートさせてからも、介助の経験がまったくない一般の市民を、自分専属のアテンダントに巻き込んでいくような活動を続けています。

先の映画『風は生きよという』の中にもこんなシーンがあります。

電動車いすに乗った海老原さんと、アテンダントの女性が、マンションの集合ポストに次々とチラシを差し込んでいきます。

そして、次の場面では、大きな住宅が建ちならぶ、閑静《かんせい》な高級住宅街。

思わず、海老原さんが、「見て、セコム入ってるよ。めちゃくちゃお金持ちじゃん。絶対介助なんてやんないと思うんだよ」

そういいながらも、「あと2軒」といってポストにチラシを入れていきます。海老原さんらが配っていたチラシにはこう書かれています（介助料等については2018年10月現在）。


アテンダント（介助者）募集〜！

自立生活をサポートして下さい！

　私は全身性障害者で、日常生活のほぼすべてに介助が必要です。人工呼吸器（マウスピース・鼻マスク型）を使用しています。日中は、「自立生活センター」で相談支援専門員として仕事をしていますが、一人暮らしで、家での生活サポーターを募集しています。

●募集内容
介助内容：入浴・トイレ・就寝準備・出勤準備・調理・洗濯・掃除・車いすを押す・代筆・就寝中の寝返りや簡単な人工呼吸器管理など
介　助　料：研修期間：1000円／時間
研修終了後：1200円／時間（8時〜18時）
1450円／時間（18時〜8時）
※　＋処遇改善手当有、有給休暇等有

…………………

●条件
◎同性介助なので、女性限定募集です。
◎資格のない方でも、土日2日間・もしくは平日3日間で研修を受けていただければ資格が取れます。

…………………

私の介助に関心のある方、ご連絡下さい☆
海老原　宏美

介助者をボランティアに頼らなくてはならなかった時代との大きな違いは、居宅介護事業所として都道府県知事（指定都市や中核市においては当該市長）の指定を受けることで、介助者に時給が支払えるようになったことです。

また、自分で探してきた介助者を事業所に登録してもらい、介助者の教育や管理については自分で行いながら、介助料については公的介護料から支払うという方式のことを「自薦《じせん》登録ヘルパー制度」といいます。

これもまた先行世代の障害者たちが、長年にわたる運動によって行政に認めさせた制度です。というのも、重度障害者の介助は、誰にでもすぐできるわけではなく、その人になじんだ介助者でなくてはならないからです。

海老原さんは、この制度を利用して、自分でつくったチラシをポスティングしたり、知り合いなどからクチコミで紹介を受けた人などを、自分専属のアテンダントとして育成し、そのマネジメントも自分で行うという取り組みを続けています。

ちなみに、映画の後半では、20代くらいの女性が一人、チラシを見てアテンダントに応募してきます。

さっそく海老原さんの自宅を訪れ、アテンダントとしての研修を受ける彼女。まずは海老原さんから、人工呼吸器についての知識や、緊急時の対応法などを聞き、熱心にメモをとります。そして、電動車いすから海老原さんを抱え上げ、ベッドへの移乗介助をする彼女に対し、海老原さんが、「もっと背中伸ばしたほうがいい。腰痛めるから」

ひと段落ついたところで、海老原さんが、「どんなところがおもしろそうだと思ったの?」と応募してきた動機をたずねます。

「いや、なんか、みんな障害者がやってるんだと思って(笑)。てっきり健常者が、障害者を保護するみたいな事業所なのかと思ったら、従業員がほぼ障害者っていうのは(笑)、どういうことなんだろうって」

確かに、重度の障害者が中心となって運営にあたる自立生活センターの存在など一般の人はほとんど知らないでしょう。そんな彼女の言葉は、障害者に対するごく一般的なイメージそのものでもあります。

◆「行き詰まり」を打開するために

とはいえ、制度が充実するにしたがって、今日では、そのデメリットも指摘されるようになっています。

「制度が良くなると人間同士の結びつきが弱くなる」――

海老原さんは、著書『まぁ、空気でも吸って』の中に、そんな葛藤について書いています。

どういうことかというと、今の若い世代の障害者たちは、生まれたときから、介助を福祉サービスとして当たり前のように享受できる環境が整っています。

かつて制度が何もなかった時代に、命がけで自立生活を成し遂げてきた先行世代の人たちとは違い、たとえば、蛇口をひねると水が出るように、コンセントを差し込むと電気が流れるように、事業所に依頼をすれば、介助者が毎日派遣されてきます。そのため、介助者集めに苦労することもありませんし、介助者を自分で苦労して育てていく必要もありません。

また、かつてはどこでも見られた、介助する人とされる人との〝ぶつかり合いのドラマ〟も希薄になっています。今では、地域の居宅介護事業所が、介助者の派遣や育成の主役となっていますから、介助者に不満があれば、本人にではなく、事業所にクレームをつけるということになりがちです。

一方、介助者のほうも、あくまで生活費を稼ぐという目的で介助の仕事に就き、仕事の範囲内でだけ障害者と関わるという感覚が当たり前のこととなっています。

事業所にとって、障害者は「お客様」でもありますから、はっきりとものをいえず、ストレスをため込んだり、たとえ対立や葛藤があっても、お互いが努力して乗り越えることによって、深い信頼関係を築いていくという機会も減ってきています。

じつはこの問題は、今日のように障害福祉サービスの充実が図られ、まがりなりにも、重度の障害者が地域で生活するための基盤が整いつつあるなかで、きわめて重要で、なおかつ難しい問題となっているのです。

こうしたことをいい出すと、すぐに行政サイドからは、まるで予算縮減のチャンスとばかりに、じゃあ制度を廃止して、もう一度、ボランティア時代に戻ったほうがいいのではないか、などといい出しかねません。

あるいは、厳しい時代を生き抜いてきた、先行世代の障害者にとっては、命を削るような運動の歴史を知ろうともしない、「今どきの若い障害者」の意識の低さを嘆く声とともに、どの世界にもある「フリーライダー（ただ乗り）問題」として語られることも多くなっています。いったい、どう考えればいいのでしょうか。

この問題について、東京大学先端科学技術研究センター准教授で小児科医であり、自らも脳性まひの障害当事者でもある熊谷晋一郎《くまがやしんいちろう》さんは、『障害者運動のバトンをつなぐ』（共著、生活書院）という本の中でこう論じています。

単に「最近の若者はけしからん」という単純な図式に回収されるような問題でもなければ、障害者問題に限った問題でもない。これは、人間社会のあらゆる場面でおきている、「ポスト制度化問題」の一例である。（略）

どのような組織であれ、どのような運動であれ、はじめの世代というのは、何もないところから制度をつくり、システムをつくって、マニュアルをつくっていく。こうした世代は必然的に、全体がよく見える世代となる。（略）

ところが、その後に入ってきた世代というのは、ある意味では出来上がった制度の中にうまいこと囲い込まれる形で、四方を手厚い援助の壁で囲まれた、見晴らしの悪い密室のなかに入れられ、「特に不便があるわけではないけれども、なんだか釈然としない」といった見晴らしの悪い状態に陥っていくという問題がある。

（熊谷晋一郎他『障害者運動のバトンをつなぐ』より）

あたかも、地域そのものが、「手厚い支援に包囲された施設の暮らし」と地続きになってしまい、地域が施設化してしまっているのではないかと、熊谷さんは指摘しています。

現在では、自治体によって大きな格差はあるものの、誰もが地域で暮らせる制度が整備されつつある一方で、事業所から派遣されるヘルパーとの狭い人間関係に閉じこもったり、自立生活そのものを事業所まかせにして、まるで施設のように管理された状況に陥っているケースも目につくようになっているからです。

大切なのは、かつてのボランティア時代から、介助がサービスとして制度化した時代に移り変わったからこそ、そのメリットと同時に、それによって失われてしまった側面をしっかりと考えていかなくてはならないということです。

「海老原さんの試みというのは、前の世代の障害者が、ボランティアと命がけで生きていた頃の面影を残しているところがあって、それがすごく興味深いと思うんだけど」

私がそう投げかけると、海老原さんはこういいます。

「そうですね。でも、根本は楽しいからですね。

これが義務感になっちゃうとしんどいから、最近は忙しくてポスティングはあまりしなくなったんですけど、大学院の修士論文でＳＭＡ（脊髄性筋萎縮症）のことを書きたいので話を聞きたいという大学院生が来たんですよ。で、インタビューだけでわかるわけないでしょって、介助やりなさいって巻き込んだりして。そうじゃないと、せっかく障害者なのに、つまんない人生を送ることになってしまうから」

海老原さんは現在、「東京インクルーシブ教育プロジェクト（TIP）」という団体の代表などを務め、障害のある人もない人も、「違う人間」どうしが一緒に学び合い、その違いを認め合って生きていけるような社会をめざすための教育環境の推進にも取り組んでいます。

また、著作のなかに次のようなことを書いています。

人は「誰かの（何かの）役に立つ」ということを通して自分の存在価値を見いだす生き物なんじゃないか、という気がします。でも、役に立てる対象（困ってる人）がいなければ、「誰かの役に立つ」ということ自体ができないので、困っている人の存在というのも、社会には欠かせません。となると、「困ってるよ」ということ自体が、「誰かの役に立っている」ということになりますね。つまり、世の中には「困っている対象者」と「手を貸してあげられる人」の両方が必要なんです。（略）

一生困ったことがない人なんていないんだし、一生困ってる人を助けるだけの人だっていない。それが「平等」ということ。

（海老原宏美・海老原けえ子『まぁ、空気でも吸って』より）

私には、海老原さんの生き方が、現在の閉塞《へいそく》した状況の中で一つの可能性を指し示しているように映ります。もちろん、彼女だけではなく、同じような志で、健常者や社会に対して、つねに自分の障害を押し開きながら生きている人は少なからずいるでしょう。障害者の自立生活とはどうあるべきなのか。また、障害者と介助者はどんな関係を築いていけばいいのか。もちろん、正解などありませんし、簡単に結論が出せるようなことでもありません。今後も考え続けていかなくてはならない重要な問題だといえます。

◆「福祉」が芽生える瞬間

これまで語ってきたように、重度の障害とともに生きる人たちは、私たちの社会に大きな利便性や変革、意識の改革をもたらしてくれました。

それは、駅のエレベーターだったり、「自立」という考え方の転換だったり、介護の社会化や地域のケアシステムなど、さまざまなものとして結実しています。

そうした障害者の声や思いが、私たちの社会にもたらしてくれたものを「贈与」と呼ぶとすれば、システム化された現在の制度は、逆に、障害者と健常者が「互いに与え合う」契機を失わせ、障害者が社会に贈与を「与え返す」機会を奪っているのではないか――。

第1章で紹介した友人の社会学者・深田耕一郎さんは、そうした問題意識に基づいて、新《に》田勲《たいさお》さんの生き方を検証しながら、前述した『福祉と贈与』（生活書院）という大著をまとめ上げました。

この本の中で、深田さんは、「システム化された福祉は誰も傷つかない代わりに、ドラマもない。ドラマのないところに人間の尊厳も生まれない」と指摘しています。

一読して私は、なるほどと思いました。現在の自立生活をめぐる状況をこれほど端的にいいあらわした言葉も他にないと感じたからです。

深田さんが約7年半の間、介護者として支えた新田勲さんは、第3章で書いたように、全国に先駆けて、公的な介護保障制度の確立を行政に訴えかけていった人です。

しかし、それと同時に、新田さんは、お金には換えられない介護の本質というものを最後まで手放さなかった人でもあったと深田さんはいいます。

「最近の介護は、ホントにお金で叩《たた》いて、介護者を機械のように使えばいいという感じになってきてるから、それが一番、お互いの関係ができない原因なんだっていうことを、新田さんは、すごくいってました」

介護というのは、お互いに気持ちいいところを探り合うもので、その意味では、セックスと一緒だと新田さんがいっていたことは以前にも書きました。

さらに深田さんはこういいます。

「新田さんは、介護者に対して、つねに『もっときみを出せ』とか『きみらしさを出せ』というんですよ。ぼくも、ぼくらしくいるからと。

それから、新田さんは、ぼくは障害者なんだと。そのへんがおもしろい。手だってぐにゃっと曲がってて、言葉もしゃべれない自分は、弱者で困っている立場だから、健常者から手を差しのべられることが必要なんだと。だから、ぼくをかわいそうな存在として、ちゃんと見なさいと」

「かわいそうな存在として?」

「お金をもらうから、この人を支えようじゃなくて、こういうぼくの状況をみて、きみたちは、あなたがたは、心が動かないのかという。仕事だからやるんじゃなくて、カラダが動くし、何より心が動くだろうと。心が動かない人間は、ダメだよと」

「それは同情とか、あわれみではなく？」

「もっと心の奥深くの動き……。でも、ここはなかなか伝わりにくいのと、ちょっと誤解を与えるんですよね。スレスレのいい方なんです。

あと、新田さんがよくいっていたのは、1億円積んでもやってくれない人はいるけど、1億円なんか積まなくてもやってくれる人はいると。お金じゃなくて、人には思わずカラダが動く場面があるでしょと。要するに、それが福祉というものが芽生える瞬間なんだと」

「福祉が芽生える瞬間ね」

それを聞いて、私が思い出したのは植松被告のことでした。

45人を殺傷した植松被告は、じつは施設で働いていた時代に、入所者が風呂場で発作を起こしておぼれそうになっているところを、助けた経験があると報じられたことがあるからです。しかし、それに対して、家族から何のお礼をいわれなかったので、障害者は家族にとって望まれない存在なのではないかと感じるようになったといいます（2018年1月25日／NHKニュースより）。

こうした報道に対して、哲学者の最首悟《さいしゅさとる》さんは、その後半部ではなく、前半部に注目して、こんなことをいっていました。
「植松青年は、どうして助けたのかわからないという。この思いの中に一つの出発点があるのではないか」

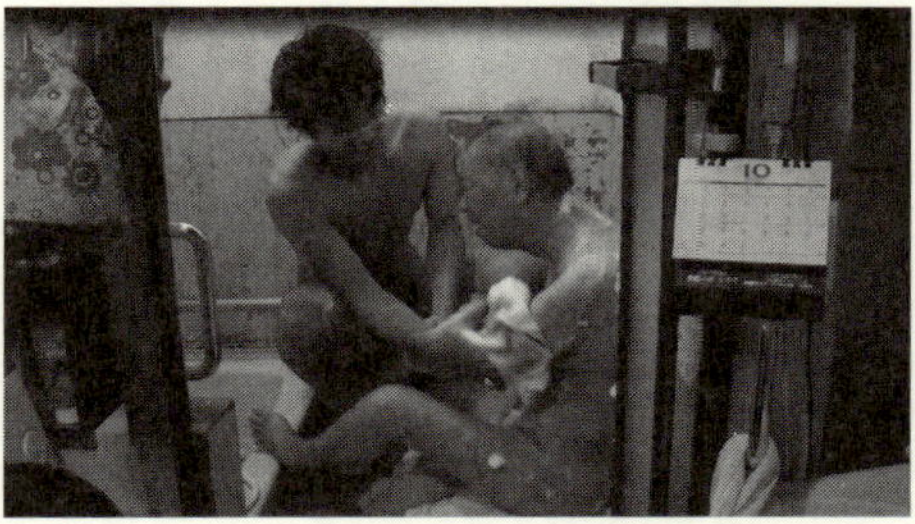

新田勲さんの入浴を介助する深田耕一郎さん。介護者も裸になって一緒に風呂に入るのが新田さん流。

植松被告を弁護する気は毛頭ありませんが、風呂場でおぼれそうな入所者をとっさに抱きかかえたとき、彼の心に発露したものとは、いったい何だったのでしょうか。

新田さん流にいえば、それは「福祉」が芽生える瞬間だったといえるのかもしれません。にもかかわらず、植松被告は、自分の心に芽生えたであろう、その素朴な心の動きを見つめるのではなく、入所者の親が自分に対して承認・感謝を示してくれなかったことに過剰に腹を立て、こだわってしまったのかもしれません。

私は再び、深田さんにたずねます。
「深田さんは、新田さんから何を贈与されたと思う?」

「それ、よく聞かれるんですけどね、ひと言ではなかなかいえないというか……」

「まあ、そうなんだろうけど」

そして、しばらく考えあぐねたすえに、深田さんはこういったのです。

「いや新田さんはね、よく『ぼくは、人間が好きっていうことに尽きるんだよ』といってました。それを聞いて、最初は気持ち悪ぅとか思ったんですけど、振り返ると、掛け値なしにそうだったんだろうなと思うんです。新田さんの人生とか、書いてきたものを振り返ると、まさにそうだったんだろうなと――。で、ぼくは、全然そんなふうには思ってもみなかったんだけど、今は、まあ、そう思ってもいいのかなと。人間っていいものだなと」

「なるほど」

「それは今、研究者として、ものを書く上で、すべてのベースにありますね」

「そっか、人間はいいものだということに対して、それまでの深田さんは照れたり、身構えたりするところがあったけど、今は素直にそうかもしれないと」

「そうかもしれないと――。そう思わせてくれた。まあ、新田さん自身は、間違いなくそういう人生だったんだろうなと思いますしね」

この深田さんの言葉は、私の胸に深く響くものがありました。

人間はいいものだな、というふうに思わせてくれた。

それが、深田さんが新田さんから手渡された贈与、ギフトだったといいます。そして、それが今の社会学者としての深田さんを支える重要な基盤になっているともいいます。確かに、これほど大きな贈与は他にないのかもしれません。

思えば、私が鹿野さんからいただいたのも、それとまったく同じだったといえます。それによって、私もまた「書く理由」を与えられたのですから。

それまで人に伝えるべき思いも、人生をかけて取り組むべきテーマも、なんら持ち合わせていなかった私が、この鹿野さんの生きざまだけは、何としてでも書かなくてはならない、書いて人に伝えなくてはならないと強く思ったのです。

それは、「人間とはいいものだ」と思わせてくれた鹿野さんに対する、私なりの精一杯の返礼だったのかもしれません。そして、同時にそのことが、その後の私の人生にも大きな転機をもたらすこととなりました。

結局、私はこう考えるのです。人と人が支え合うこと。それによって人は変わりうるのだということの不思議さに、人が生きていくことの本質もまた凝縮しているのだと。

あとがき

私は、2003年（平成15年）に、『こんな夜更けにバナナかよ』という本を刊行しましたが、それから15年の歳月が流れ、あらためて当時の体験を、もっと広い視野でとらえ返してみたいと思って取り組んだのが本書です。

この「ちくまプリマー新書」は、主に高校生や大学生などのビギナーを対象としたシリーズです。おそらく本書を手にしてくれる人の多くが、「障害」とか「福祉」「介護」というものに、まったくなじみのない若い人たちでしょうし、私にとっては、これほどやりがいのある仕事はないと思って取り組んだのですが、実際に書き始めてみると、予想以上の難しさに身もだえする思いでした。

書けない、ということは私にとってぜんぜん珍しいことではないのですが、本書もまた、このあとがきに至るまでに丸5年という月日を要しました。

「新書1冊を書くのに、5年もかかりますかね？」と親しい編集者や同業者からは冷笑のそしりを免《まぬが》れませんが、自分で書きためた原稿を読み返すのも嫌という日々が長く続き、これではまったく現実を描けていないのではないか、という失望と停滞の連続でした。

また、そんなさなかの2016年（平成28年）7月、神奈川県相模原《さがみはら》市の障害者施設において衝撃的な殺傷事件が起こり、なおさら言葉を失う事態に陥りました。

今日、正論というものがまったく通じない時代になったことは、別に、障害や福祉、介護の世界を語る場合に限ったことではないのかもしれませんが、本来であれば、「いのちはすべて平等である」「障害者も健常者も同じ人間である」「人を能力だけで判断してはいけない」といって話を終わらせていいはずが、終わらないどころか、ますます事態を悪化させるおそれがある、という地点から物事を考え始めなくてはなりません。

いったい、何をどのように、どんな切り口で語ればいいのか。非力な私にはその筋道を見いだすことさえ容易ではありませんでした。


ちょうど、相模原市での事件が起きた直後の2016年（平成28年）8月から、私は東京・町田市にある和光大学で、夏休み期間中の集中講義を担当するようになりました。

講義のタイトルは、「障害・健常を考える」というもので、通常は半年分に相当する講義（1講90分×15回）を集中的に4日間で行います。きっかけをつくってくれたのは、本書にたびたび登場する、和光大学名誉教授で哲学者の最首悟《さいしゅさとる》さんでした。

毎年20歳前後の今を生きる学生たちと接することは、何をどう語れば、彼らの心に届くのかを確かめ直す上で、本当に貴重な体験となっています。和光大学には、障害当事者の学生も多く、テーマ柄、そうした学生との出会いも貴重なのですが、とりわけ、障害というものに対して、訳もなく〝上から目線〟で悪びれることのない、若くて元気な学生たちと話していると、以前の自分が思い出されて仕方がありません。私も以前は、そんなふうに自分のことを棚に上げて、他人を厳しく裁くことだけには長けていたなあと。

ですから、本書は、そんなかつての自分自身に向けて書いたといえるところがあります。またとない機会を与えてくれた最首さん、また、毎年あたたかく迎え入れてくださる和光大学教授の野中浩一《のなかこういち》さんに心からお礼を申し上げます。


もう一つ、本書をどうしても刊行しなくては、と思った大きなできごとがありました。

2018年（平成30年）の暮れに、『こんな夜更けにバナナかよ』を原作とした映画が公開されることになりました。映画によって、多くの人がこの世界に関心をもってくれるのは、とてもありがたいことだと思う半面、映画に描かれた世界がすべてであると判断されるとしたら、それもまた残念なことです。

鹿野《しかの》さんを始めとする、多くの障害当事者たちが、これまで社会に提起してきた問題は、とても2時間程度の映画では描き切れない広がりと深みをもっています。幸い、映画そのものは、制作に関わってくださった監督やプロデューサー、何より主演の大泉洋《おおいずみよう》さん、高畑充希《たかはたみつき》さん、三浦春馬《みうらはるま》さんを始め、多くの方々の情熱的な取り組みによって、意欲的な作品に仕上がりました。

しかし、映画は彼らの作品であって、私の作品ではありません。私の作品はこれだ（つまり本書ですが）といえるような本をつくらなくては、映画に対して私がどうこういうことはできませんし、何をいってもハンパな批評にすぎないという思いに強く駆られました。

そもそも、映画化のきっかけをつくってくれたのは、文藝春秋の編集者である菊地光一郎《こういちろう》さんと山本浩貴《ひろき》さんです。彼らの映画化に対する熱心な働きかけが、結果的には、頭を抱え込んでいた私に、再び机に向かう勇気と意欲を与えてくれることになりました。

ところで、先ほど丸5年といいましたが、このシリーズで書かないか、と最初に声をかけてくれたのは、筑摩書房の編集者だった松田哲夫さんで、今から14年も前のことです。

松田さんはすでに筑摩を退職され、現在はフリーの編集者・書評家として活躍していますが、その後、担当を引き継いでくれたのが吉澤麻衣子さんで、吉澤さんとのつき合いもすでに5年の長きに渡ります。その間、「いつでもお待ちしております。是非とも渡辺さんのご本が必要です」とことあるごとに叱咤《しった》激励《げきれい》を絶やさなかった吉澤さんに心から感謝を申し上げます。そして、同様にご心配をかけどおしの松田哲夫さん、奥様の啓子さんにも。

果たして本書が、必要とされる本になりえたのかどうか。今は書けたことよりも、書き切れなかった部分にのみ意識が向かい、またしても頭を抱え込みそうな気配です。それこそが、私の「障害」であることは十分にわかっているのですが、とにかく自分自身の限界を受け入れる覚悟を、今ようやく決めたところです。

それにしても、こうしたできごとのすべてが、振り返ると、鹿野靖明さんとの出会いから始まったのですから、感慨深いのを通り越して、クラクラとめまいを覚えます。人が生きているって深いことなのだ、それゆえに人生ってあなどれないのだ、という思いを私はこれまで鹿野さんを始めとする、障害のある人たちとのつき合いの中から学んできました。

「障害者は不幸を作ることしかできません」と相模原の事件を起こした植松被告（現・死刑

四）は、衆議院議長への手紙に書きましたが、それは間違いです。

「あの障害者に出会わなければ、今の私はなかった」――そう思えるような体験をこれからも発信し続けていくことが、植松被告の問いに対する一番の返答になるはずですし、植松被告に同調する人たちへの何よりの反論になるはずです。

ゆめゆめ、人生について知ったかぶりをして、わかったようなことをいうべきではないと思わされるようなできごとが、この世界にはあふれているからです。

2018年（平成30年）11月

渡辺一史

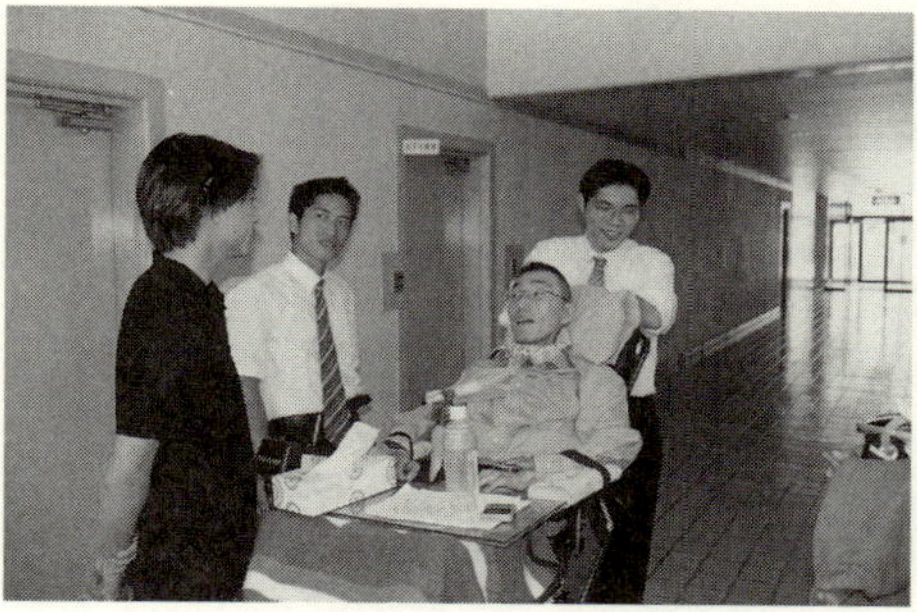

鹿野さんと著者

ちくまプリマー新書 316

なぜ人《ひと》と人《ひと》は支《ささ》え合《あ》うのか　「障害《しょうがい》」から考《かんが》える

二〇一八年十二月十日　初版第一刷発行
二〇二五年 二 月五日　初版第十刷発行

著者　渡辺一史（わたなべ・かずふみ）

装幀　クラフト・エヴィング商會
発行者　増田健史
発行所　株式会社筑摩書房
東京都台東区蔵前二－五－三　〒一一一－八七五五
電話番号　〇三－五六八七－二六〇一（代表）

印刷・製本　株式会社精興社

ISBN978-4-480-68343-4 C0236 Printed in Japan